# Geschichtsstunden
# 5
## Entdeckungsreisen in die Vergangenheit

Leonhard Baumann
Andreas Mönnich
Klaus Sturm
Veit Sturm

Beratung: Heinrich Pleticha

Ernst Klett Verlag

Verfasser:
Leonhard Baumann, München (S. 27–38)
Andreas Mönnich, München (S. 4–26)
Dr. Eberhardt Schwalm, Lübeck (Karten)
Klaus Sturm, Stadtbergen (S. 39–54)
Veit Sturm, Augsburg (S. 55–76)

Beratung:
Dr. Heinrich Pleticha, Würzburg

Redaktionelle Betreuung:
Alrun Thumser

Einbandgestaltung:
Helmut Schmölz, Wien
(Titelfoto: Mann auf einem Delphin reitend.
Detail von einem keltischen Kessel
aus vergoldetem Silber;
Gundestrup, Dänemark)

Reinzeichnung der Karten:
E. Bardon, Koblenz
Karl F. Harig, Reinheim
Ludwig Pesak, Wien

Schaubilder/Grafiken:
Prof. Hermann Burkhardt, Ludwigsburg
Emanuela Delignon, Wien
H. Horn, Haar b. München
Hermann Mening, München
Wilhelm Wagner, Wien

ISBN 3-12-120100-X

1. Auflage    1  5  4  3  2  1   |  1990  89  88  87  86

Alle Drucke dieser Auflage können im Unterricht nebeneinander
benutzt werden. Die letzte Zahl bezeichnet das Jahr dieses Druckes.
© Ernst Klett Verlage GmbH u. Co. KG, Stuttgart, und Österreichischer Bundesverlag Ges.m.b.H., Wien 1986.
Alle Rechte vorbehalten.

Herstellung:
Österreichischer Bundesverlag, Wien

Druck: Ed. Hölzel Ges.m.b.H., 1030 Wien, Rüdengasse 11

**Verzeichnis der Quellen**
(1) Herodot: Historien 2, 14
(2) Totenbuch, Spruch 125. Nach: W. Lautemann/M. Schlenke: Geschichte in Quellen, Bd. 1: W. Arend: Altertum, München 1975, S. 52 (gekürzt)
(3) Herodot: Historien 2, 86 f. (gekürzt)
(4) Aristoteles: Politik 1253 b ff. (gekürzt und vereinfacht)
(5) Xenophon: Hauswirtschaftslehre 7, 3 ff. (gekürzt)
(6) Hippokrates: Von der Heiligen Krankheit. Nach: Lautemann, a. a. O., S. 202 (gekürzt und vereinfacht)
(7) Nach: Plutarch: Aemilius Paullus 32 ff.
(8) Plutarch: Cato 21 (gekürzt)
(9) Seneca: Moralische Briefe 47 (gekürzt)
(10) Die Märtyrer von Scili. Nach: Lautemann a. a. O. Nr. 696 (gekürzt)

**Bildnachweis**
Ägyptisches Museum, Kairo 310, 330; Amt der Salzburger Landesregierung, Kulturabteilung 240; Archiv für Kunst und Geschichte, Berlin 83, 84, 85, 87 u.; Bayerisches Landesamt f. Denkmalpflege 10 (Luftbildarchäologie: Aufn. O. Braasch; Nr. 7136; Freigegeben durch die Reg. u. Obb.: Nr. GS 300/9119-82), 11, 15 u., 20 o., 24 u. r., 66 r.; A. M. Begsteiger, Gleisdorf 74; Bild der Wissenschaft, DVA, Stuttgart 24 u. l.; Bildarchiv Preußischer Kulturbesitz, Berlin 6 M., 46; Callwey-Verlag, München 86; P. Connolly: So lebten sie zur Zeit Jesus von Nazareth, Tessloff-Verlag 1984 69; Deutsches Archäologisches Institut, Rom 72 r; Deutsches Museum, München 81, 87 o.; dpa 6 o. l.; EWE-Küchen, Wels 88; Frankenstein/Jordan, Stuttgart 25 u. l.; Gäubodenmuseum, Straubing 67 u. l.; Dr. G. Gerster, Zürich 18 u.; GWA, Beilstein 19 M.; Prof. G. Hafner, Mainz 50 u.; Harrissiades, Athen 41; P. Haupt Verlag, Bern 16 r.; Hirmer Fotoarchiv, München 72 l.; Dr. H. Krahmer, Glonn 7, 19 r.; Kunsthistorisches Museum, Wien 9 u.; laenderpress/Magnum, J. Nance 26, 32; Landesdenkmalamt, Stuttgart 25 u. r., Landesmuseum Joanneum, Abt. f. Vor- und Frühgeschichte und Münzsammlung (Hofstetter-Dia) 23; E. Lessing, Wien, Umschlagbild, 6 M., 35, 82; MCR, Rom 61; Metropolitain Museum, New York 43 u. r.; P. Miquel: So lebten sie zur Zeit der römischen Legionäre, Tessloff-Verlag 1981 76; Museo Nazionale Romano 50 u.; Museum von Aquileia, Cecchelli 68 r.; Museum Epidauros (Foto: J. Fuller, Cambridge) 52 r.; Museum Halle 73 o.; Museum of Science, Boston 36 l.; Museum Turin 57; Museum f. Vor- und Frühgeschichte, Berlin 13; Nationalmuseum Athen (Foto: E. Athenon, Athen) 53; Österreichischer Bundesverlag 6, 70 o.; Pelikan 38; Rainbird, London 17 u. r.; H. Reichardt: Die Alten Griechen, Tessloff-Verlag 54; Rijksmuseum van Oudheden, Leiden 30; A. Rust: Die alt- und mittelsteinzeitlichen Funde von Stellmoor, Neumünster 1943 14; E. Sangmeister, Freiburg 19 r.; Scala, Florenz 37, 45 l., 56 o., 58, 59; Schleswig Holsteinisches Landesmuseum, Schleswig 8; H. Schmölz, Wien 51; Schraven, Monika, Westf. Museum f. Archäologie, Münster 9 o.; W. Spitta, Regensburg 50 l.; K. Sturm, Stadtbergen 52 l., 67 M.; V. Sturm, Augsburg 62 r., 66 l.; Thames & Hudson, London 21, 28; Time—Life Picture Agency, London 27 l.; Torlonia-Museum, Rom 60 l.; Universitätsbibliothek Heidelberg 6 o. r.; Wadsworth Atheneum, Hartford 48; Dr. L. Weber, Römisches Museum, Augsburg 67 r.; H. Wendel, Düsseldorf 6 M., 19 o.; Prof. E. Widder, Diözesan-Bildstelle, Linz 71; B. Wood/G. Caselli: Die Welt des Urmenschen, Tessloff-Verlag 1976 80.

# Inhaltsverzeichnis

Die Zeit vergeht und wird Geschichte . . . . . . . . . . . 4

## Die Stein- und Metallzeit . . . . . . . . . . . . . . 7

### Forschen in der Vorgeschichte
Funde erzählen von längst vergangenen Zeiten . . . . . . 8
Von der Arbeit der Vorgeschichtsforscher . . . . . . . . . 10

### Die Steinzeit: Wie die Menschen dazulernten
Das Leben in der Altsteinzeit . . . . . . . . . . . . . . . . . 12
Götter, Gräber, Zauberer . . . . . . . . . . . . . . . . . . . . 14
Aus Sammlern und Jägern werden Bauern . . . . . . . . 16
Die Jungsteinzeit — die Zeit der großen Erfindungen . . 18
Die ersten Siedlungen . . . . . . . . . . . . . . . . . . . . . 20

### Die Metallzeit
Neue Werkstoffe verändern das Leben . . . . . . . . . . . 22
Die Kelten . . . . . . . . . . . . . . . . . . . . . . . . . . . . . 24
Wenn du mehr erfahren und wissen willst . . . . . . . . . 26

## Im alten Ägypten . . . . . . . . . . . . . . . . . . . . 27

### Im Stromtal des Nils entsteht der Staat der Pharaonen
Ägypten — das Geschenk des Nils . . . . . . . . . . . . . . 28
Der Pharao — Gott und Alleinherrscher . . . . . . . . . . 30
Leben unter der Herrschaft der Pharaonen . . . . . . . . 32

### Von der Religion der Ägypter
Sorge für das Leben nach dem Tode . . . . . . . . . . . . 34
Pyramiden — Totenpaläste für die Pharaonen . . . . . . . 36
Wenn du mehr erfahren und wissen willst . . . . . . . . . 38

## Bei den Griechen des Altertums . . . . . . . . 39

### Athen — Stadtleben vor 2500 Jahren
Die Großstadt am Meer . . . . . . . . . . . . . . . . . . . . 40
Menschen in der Stadt . . . . . . . . . . . . . . . . . . . . . 42

### In Athen begann die Demokratie
Der Stadtstaat der Bürger . . . . . . . . . . . . . . . . . . . 44
Marathon und Salamis: Athen verteidigt seine Freiheit . 46
Athen gegen Sparta, Griechen gegen Griechen . . . . . . 48

### Das Vorbild der Griechen in Kunst und Wissenschaft
Bewundert und nachgeahmt:
Griechenlands Künstler und Dichter . . . . . . . . . . . . 50
Die Griechen verändern das Denken der Menschen . . . 52
Wenn du mehr erfahren und wissen willst . . . . . . . . . 54

## Das Römische Weltreich . . . . . . . . . . . . . . 55

### Ein großes Reich und seine Probleme
Die Römer erobern die Welt und verlieren die Freiheit . 56
Augustus: Der Kaiser ordnet das Reich . . . . . . . . . . 58
Rom — das Zentrum des Weltreichs . . . . . . . . . . . . . 60
Man nennt sie „Räuber der Welt" . . . . . . . . . . . . . . 62

### Römische Herrschaft und Kultur im heutigen Bayern
Die Römer an Donau und Altmühl . . . . . . . . . . . . . 64
Man braucht nur zu graben — zum Beispiel
in Weißenburg . . . . . . . . . . . . . . . . . . . . . . . . . . 66

### Die Ausbreitung des Christentums im Römerreich
Eine neue Religion . . . . . . . . . . . . . . . . . . . . . . . 68
Die Christen im römischen Reich:
verfolgt — anerkannt — geachtet . . . . . . . . . . . . . . . 70

### Das Vordringen der Germanen und das Ende des Weltreichs
Hilfe, die Germanen kommen! . . . . . . . . . . . . . . . . 72
Das Weltreich zerfällt — aber Rom lebt weiter . . . . . . 74
Wenn du mehr erfahren und wissen willst . . . . . . . . . 76

Stichwortverzeichnis . . . . . . . . . . . . . . . . . . . . . . 77

Zeitleisten im Überblick . . . . . . . . . . . . . . . . . . . . 78

Im Wandel der Zeiten: Kochen und Küche . . . . . . . . 80

# Die Zeit vergeht und wird Geschichte

### Wie die Zeit vergeht
„Kinder, wie die Zeit vergeht!" sagen die Leute, und sie haben recht. Man kann sie nicht anhalten und nicht zurückdrehen. Alles, was du jetzt im Augenblick tust, ist ein Stück deines Lebens. Und kaum hast du es getan, ist es schon ein Teil deiner Vergangenheit. Dadurch, daß etwas geschieht, wird es *Geschichte*.

Nehmen wir zum Beispiel dieses Buch. Jetzt liest du es und arbeitest damit. In zehn Jahren wirst du dich vielleicht gerade noch an die eine oder andere Stelle darin erinnern. In 100 Jahren wird es allenfalls noch in Bibliotheken stehen, und in 1000 Jahren wird kein Mensch mehr daran denken. Jetzt gehört es zu unserer Zeit, später wird es ein *Zeugnis unserer Geschichte* sein.

Vielleicht wird in weiter, weiter Zukunft einmal ein Forscher auf dieses Buch stoßen und versuchen, die für ihn ganz altertümlichen Schriftzeichen zu entziffern. Was und wie wir heute über die Vergangenheit lernen, wird dann selbst Gegenstand der *Geschichtsforschung* sein.

### Wie groß die Zeit ist
Vor 100 Jahren etwa wurden deine Urgroßeltern geboren. Damals fuhren gerade die ersten Automobile. Als deine Großeltern auf die Welt kamen, begann die Fliegerei. 1927 überquerte Charles Lindbergh im Non-Stop-Flug den Atlantischen Ozean von Amerika nach Europa. Und als deine Eltern Kinder waren, fing in der Bundesrepublik Deutschland gerade das Fernsehen an. 100 Jahre, das ist eine Zeitspanne, die man sich gerade noch vorstellen kann. Sie umfaßt drei bis vier Generationen, nämlich Urgroßeltern — Großeltern — Eltern — Kinder.

Du kannst diesen Zeitraum auf einer *Zeitleiste* abtragen. Wenn du zum Beispiel für 10 Jahre 1 Zentimeter als Maßstab wählst, wird deine Zeitleiste für 100 Jahre gerade 10 Zentimeter lang. Nun kannst du auf dieser Zeitleiste wichtige Ereignisse eintragen und dir anschaulich machen, wann sie stattfanden — zum Beispiel wie auf unserer Zeichnung:

Wir leben heute im 20. Jahrhundert. Seit Christi Geburt sind fast 2000 Jahre vergangen. Wenn du diesen Zeitraum auf einer Zeitleiste darstellen willst, müßte dein Papier bei 1 Zentimeter für 10 Jahre schon 2 Meter lang sein. Du wirst leicht einsehen, daß man sich für einen so großen Zeitraum einen anderen Maßstab wählen muß. Bei 1 Zentimeter für 100 Jahre zum Beispiel, kannst du die 2000 Jahre bis Christi Geburt auf einer Leiste von 20 Zentimeter Länge abtragen.

Christi Geburt ist deshalb für unsere Geschichte wichtig, weil wir von diesem Zeitpunkt aus die Jahre zählen. Es gibt die Jahre *vor Christi Geburt (v. Chr.)* und die Jahre *nach Christi Geburt (n. Chr.)*. Für die langen Zeiträume vor Christi Geburt zählen wir die Jahre rückwärts. Ein Ereignis 1000 v. Chr. ist also weiter von uns entfernt als ein Ereignis 500 v. Chr.

### Eine Reise durch die Zeit
Wissenschaftler haben errechnet, daß die Erde über vier Milliarden Jahre alt ist. Der Mensch kam erst vor rund drei Millionen Jahren in diese Welt. Gemessen an der ungeheuren Zeitspanne von vier Milliarden Jahren ist er also geradezu ein Neugeborener.

Stell dir vor, du könntest dich in die Vergangenheit bis zum Anbeginn der Erde versetzen. Nun würdest du wieder nach Hause — in die Gegenwart — zurückkehren. Stell dir die Heimreise auf einer riesigen Zeitleiste von von 1000 Kilometern vor — das ist etwa so weit wie von München nach Rom. Der größte Teil deiner Reise wäre eine sehr einsame Fahrt. Erst nach 999 Kilometern, nur 750 Meter von zu Hause, träfst du auf Lebewesen, die uns Menschen ähnlich sind. Ganze 2 Meter vor der Haustür würden dir vielleicht die ersten Menschen zuwinken, die Bauern geworden sind. Und auf den letzten Zentimetern deiner langen Reise könntest du die alten Ägypter, die Griechen und Römer, die Menschen der vergangenen 2000 Jahre antreffen.

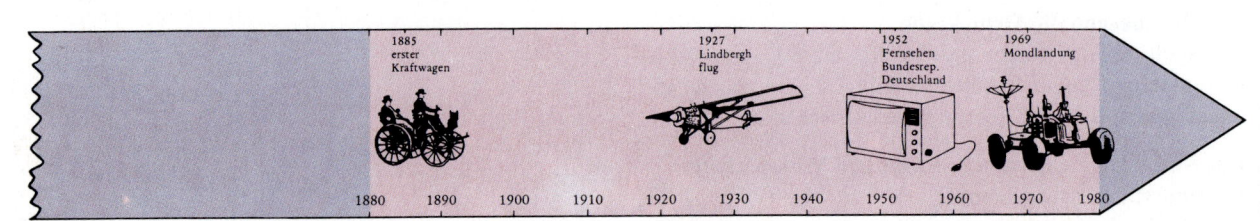

*Wichtige Ereignisse 1880—1980*

○ *Versuche eine solche Zeitleiste für deine eigene Familie zu zeichnen: Trage dein eigenes Geburtsjahr ein und die Geburtsjahre deiner Eltern, Großeltern und Urgroßeltern. Vergleicht eure Zeitleisten miteinander.*

**Wie man die Geschichte einteilt**

Selbst wenn wir in den Geschichtsstunden nur die Geschichte der Menschheit betrachten, ist das eine lange Zeit. Damit man sich etwas leichter zurechtfindet, haben Geschichtsforscher, die Historiker, diese Zeitspanne unterteilt. Die einzelnen Zeitabschnitte sind unterschiedlich lang und heißen *Epochen.*

Am längsten ist die *Vorgeschichte,* über die wir auch am wenigsten wissen. Sie beginnt mit dem Auftreten der ersten Menschen und endet vor rund 5000 Jahren. Damals entstanden die ersten großen Völker und Reiche auf der Erde. Seit dieser Zeit spricht man vom *Altertum,* das etwa so lange währte, bis das letzte der großen alten Reiche, nämlich das römische, zu Ende ging. Das war vor rund 1500 Jahren. Danach begann das *Mittelalter,* und mit der Entdeckung Amerikas vor fast 500 Jahren die *Neuzeit,* die Epoche, in der auch wir leben.

*Die Epochen der Geschichte*

*Mondlandung*

*Malerei in einer Höhle in Südfrankreich*

*Arbeiterinnen in einer Baumwollfabrik*

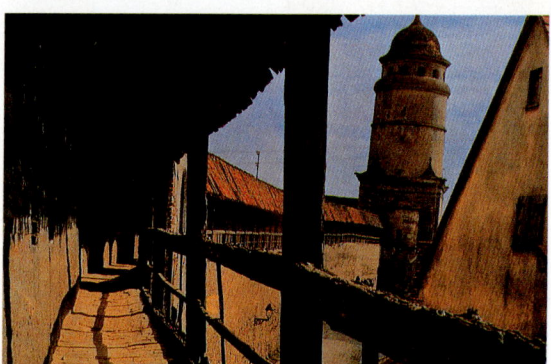

*Ritter beim Turnier*

*Nördlingen, Stadtmauer mit Wehrgang*

*Römische Wasserleitung*

1. Du kennst nun schon die verschiedenen Epochen unserer Geschichte. Versuche die Bilder dieser Seite richtig zuzuordnen.
2. Sammelt weitere Bilder zu den verschiedenen Epochen der Geschichte.
3. Sammelt Bilder aus eurem Heimatort und versucht sie zeitlich zu ordnen.

# Die Stein- und Metallzeit

Auf der Weltausstellung in Paris im Jahre 1878 drückten sich die Leute die Nasen platt. So etwas hatten sie noch nie gesehen. Ausgestellt waren erstmals Stein- und Knochenwerkzeuge von Urmenschen. Sie stammten aus französischen Höhlen. Unter den Bewunderern war auch ein spanischer Adeliger. Nach Hause zurückgekehrt, erinnerte er sich an eine Höhle auf seinem eigenen Grundstück. Er ließ sie öffnen und begann zu graben. Und tatsächlich fand auch er Werkzeuge aus Stein und Knochen.
Eines Tages nahm er seine Tochter Maria mit ins Innere der Höhle. Maria war klein genug, um dort aufrecht stehen zu können. Neugierig ging sie umher und sah sich um. Und da machte sie eine Entdeckung: „Schau Papa, Stiere!" rief sie ihrem Vater zu. Was hatte das Mädchen im Schein seiner Laterne gesehen? An der Felsdecke eines Höhlenraums leuchteten fast zwei Dutzend Bisons in roten, gelben und schwarzen Farben, so als ob sie gestern erst gemalt worden wären! Nun blickte auch der Vater nach oben und konnte es kaum fassen. Sollten Menschen, die vor vielen Jahrtausenden in dieser Höhle gehaust hatten, die Tierbilder geschaffen haben?
Solche Kunstwerke trauten die meisten Wissenschaftler unseren Vorfahren mit ihrer primitiven Lebensweise nicht zu. Sie hielten sie für Fälschungen. Doch stellte sich heraus, daß sie echt und etwa 17 000 Jahre alt sind! Nun strömten die Leute nach Altamira — so heißt der Fundort der Höhle in Spanien —, um die Malereien zu bewundern. Heute kann man sie dort nicht mehr ansehen. Die Höhle wurde geschlossen, weil die uralten Farben durch den Atem der vielen Besucher zerstört wurden. Doch wenn du einmal im Deutschen Museum in München bist, kannst du dort eine Nachbildung der Höhlenbilder anschauen.
Im folgenden Kapitel wirst du mehr über die Höhlenmaler erfahren; aber auch über die Menschen, die lange Zeit vor und nach ihnen lebten. Es handelt davon,
— wie die ersten Menschen überhaupt überleben konnten,
— wie sie Millionen Jahre lang lebten und zusammenlebten
— und wie dann eine Zeit begann, in der sie eine Erfindung nach der anderen machten und dadurch ihr Leben völlig änderten.

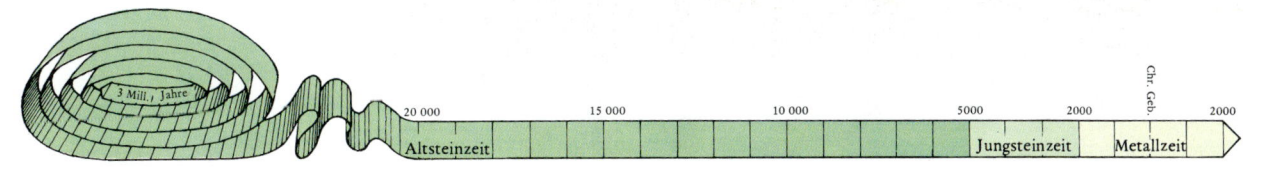

# Forschen in der Vorgeschichte

## Funde erzählen von längst vergangenen Zeiten

### Menschen hinterlassen Spuren

Wer heute etwas über die Vergangenheit wissen will, hat es leicht: Unzählige alte Urkunden liegen in Gebäuden, die wir Archive nennen. In Bibliotheken stehen unübersehbare Mengen von Büchern. Zeitschriften, Hörfunk und Fernsehen berichten fast täglich über Menschen vergangener Zeiten. Denn seitdem es die *Schrift* gibt, haben Menschen vieles über sich und ihr Leben aufgeschrieben. Wir können es lesen und uns informieren. So haben es auch die Leute gemacht, die dieses Geschichtsbuch geschrieben haben.

Doch die Menschen der Vorgeschichte kannten keine Schrift. Woher können wir also heute etwas über sie wissen? Nun, Menschen hinterlassen auch lesbare *Spuren*, die nichts mit Schrift oder Sprache zu tun haben. Auf den Müllhalden vor unseren Städten zum Beispiel sammelt sich so manches an: Das meiste verrottet bald, andere Stoffe, wie Glas, Gummi oder Kunststoff, können Jahrzehnte, Jahrhunderte oder noch länger überdauern. Bald ist alles überdeckt, und irgendwann liegen die Spuren unserer heutigen Lebensweise tief unter der Erde.

Auch die ältesten Spuren unserer Vorfahren lagen und liegen noch im *Erdreich*, in versteckten Höhlen oder auf dem Grund eines Sees verborgen. Viele *Funde* sind heute in *Museen* ausgestellt. Wer über die Menschen der Vorgeschichte etwas wissen will, muß die Fundsachen untersuchen und verstehen: Aus Steinen, Knochen, Tonscherben und vielen anderen Resten muß er herauslesen, wie diese Menschen gelebt haben.

### Was Knochen und Steine erzählen können

Naturforscher beobachten das Verhalten der Tiere. Menschenaffen zum Beispiel, die von einem Leoparden angegriffen werden, nehmen Stöcke zu Hilfe, um sich zu verteidigen. Was die Affen können, konnten die ersten Menschen erst recht. Von jenen Menschen gebrauchte Stöcke sind natürlich heute nicht mehr erhalten — längst sind sie verfault —, aber sonderbare Steine hatte man in Hülle und Fülle auf der ganzen Welt gefunden: Es waren faustgroße, keilförmig zugeschlagene, aber auch längliche und schmale Steine mit messerscharfen Kanten darunter. Oft lagen sie in tiefen Erdschichten, zusammen mit Resten von Tierknochen.

Wenn Forscher solche Funde machten, war klar, wozu die Steine gedient hatten: Die Menschen hatten Tiere gejagt und getötet. Die *Steine* waren ihre *Werkzeuge* zum Zerkleinern und Aufteilen der Jagdbeute.

### Was Häuserreste und Tonscherben berichten

In fruchtbaren Gegenden, wie an der Donau, war die Erde an manchen Stellen bis tief in den Boden hinein verfärbt. Die Verfärbungen stammten von *Holzpfählen,* die vor langer Zeit in den Boden gerammt worden waren. Sie waren verfault und hatten das Erdreich dunkel gefärbt. In der Nähe fand man auch Tongefäße und Reste von Weizenkörnern. Wer hatte sich hier wohl aufgehalten? Die Löcher bildeten ein Rechteck. Die Pfähle, die einst darin gesteckt hatten, müssen die Grundpfeiler von Hütten und Häusern gewesen sein. Die Weizenkörner waren vielleicht von einer Kornernte

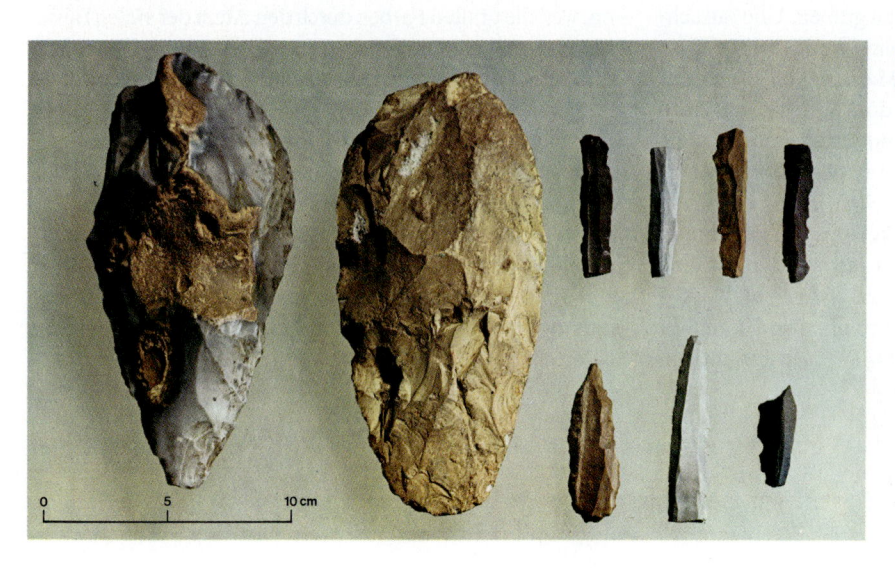

*Funde aus der Altsteinzeit: Faustkeile, Schaber, Speerspitzen.*

*Dunkle Erdverfärbungen von Wand- und Pfostenresten lassen den Grundriß eines Hauses erkennen.*
*So hat das Haus vermutlich ausgesehen:*

*Spuren und Funde aus der Jungsteinzeit: (rechts) Tongefäße und Steinbeile*

übriggeblieben und zufällig ins Feuer gefallen, wo sie verkohlten. Dadurch waren sie haltbar geworden.
Wer *Häuser* baut und *Korn* sät, muß sich länger an einem Ort aufhalten und kann nicht wie die Jäger umherziehen. Aus solchen Resten von Häusern können wir schließen, daß es unter unseren Vorfahren außer Jägern auch *Bauern* gab.

**Was Metallgegenstände verraten**
Oft wurden in Bayern in alten Gräbern Schwerter, Helme oder Dolche gefunden. Sie waren nicht aus Stein, sondern aus *Bronze,* einer Metallmischung aus Kupfer und Zinn. Die Bronzeherstellung war eine wichtige Erfindung. Aus dem neuen Metall konnten Waffen, Werkzeuge und auch Schmuckstücke hergestellt werden, wie sie es früher noch nicht gegeben hatte. So etwas wie ein Schwert war etwas völlig Neues. Außerdem waren die Metallwerkzeuge und -waffen feiner, haltbarer und vielseitiger verwendbar als Geräte aus Stein und Knochen. Bronze war deshalb sehr wertvoll. Wenn ein Gegenstand aus Bronze zerbrach, wurde er nicht weggeworfen, sondern eingeschmolzen, um wieder neu verarbeitet zu werden. So ist es auch zu erklären, daß an manchen Stellen regelrechte Bronzevorräte entdeckt wurden, die sogenannten Spangenbarren.

*1. Wie erfahren wir heute etwas von den Menschen der Vorgeschichte?*
*2. Kannst du sagen, warum wir die verschiedenen Abschnitte der Vorgeschichte als Steinzeit und Metallzeit bezeichnen?*
*3. Wozu konnte man die auf diesen beiden Seiten abgebildeten Gegenstände verwenden?*

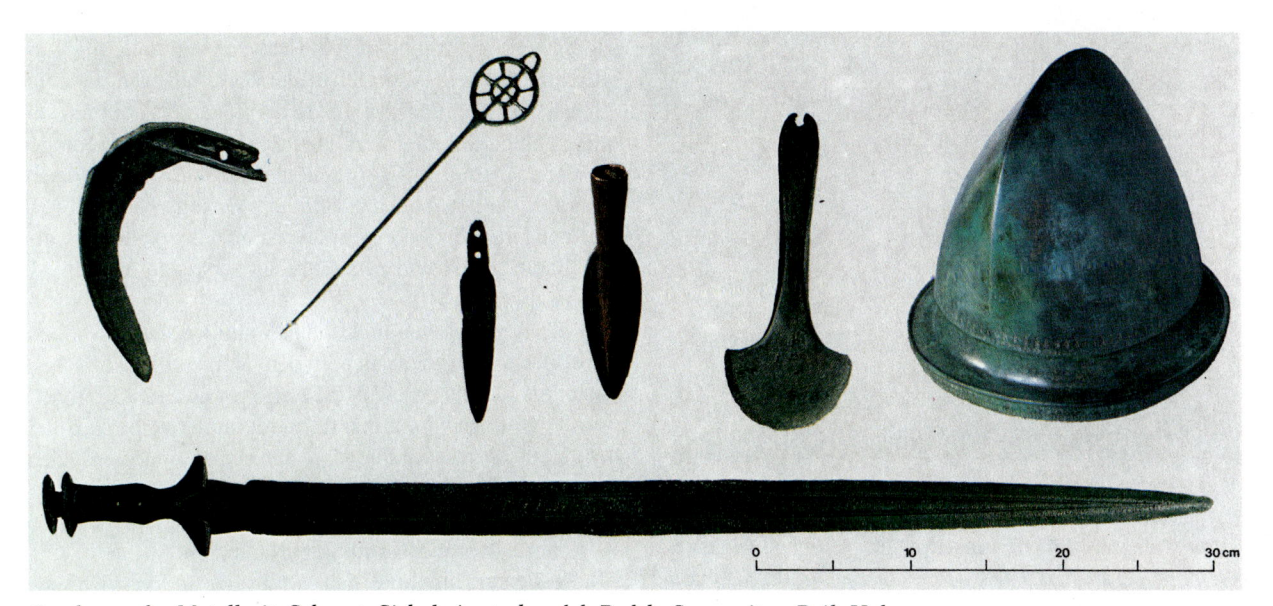

*Funde aus der Metallzeit: Schwert, Sichel, Anstecknadel, Dolch, Speerspitze, Beil, Helm.*

# Von der Arbeit der Vorgeschichtsforscher

### Spurenleser der Geschichte
Wir haben erfahren, welche Funde die Vorgeschichtsforscher machen und was sie daraus herausfinden können. Aber geschichtliche Fundstücke liegen nicht einfach so in der Gegend herum. Meistens ruhen sie in tieferen Erdschichten, denn im Lauf der Zeit hat sich einiges über ihnen angehäuft. Wie schnell ist schon eine Steinplatte von Unkraut zugewachsen; was mögen dann erst Jahrhunderte und Jahrtausende bewirkt haben?

Deshalb muß nach stein- und metallzeitlichen Gegenständen meist lange gesucht und mühsam gegraben werden. Viele *Ausgrabungen* wurden erst in den letzten hundert Jahren gemacht. Vor allem in den Großstädten, wo beim Bauen immer große Massen an Erdreich umgeschichtet werden, haben Archäologen viele interessante Dinge entdeckt. *Archäologen* — so heißen mit einem griechischen Wort die Geschichtsforscher, die bei ihrer Arbeit wie Spurenleser vorgehen. Sie können zum Beispiel aus Luftbildaufnahmen erkennen, wo sich geschichtlicher Boden befindet und wo es vielleicht etwas zu entdecken gibt (siehe Abbildung).

*Was vom Boden aus niemand sieht, erkennt man auf der Luftaufnahme sofort. Unter einem Kornfeld bei Eining an der Donau liegen Mauern versteckt. Über ihnen wächst das Getreide schlechter. 1978 wurde so ein Bauwerk aus der Römerzeit entdeckt.*

### Ein genauer Ausgrabungsplan
Bevor die Archäologen anfangen, mit Spitzhacke und Schaufel zu graben, vermessen sie den Ausgrabungsort genau und teilen ihn in Quadrate ein. Sie zeichnen davon einen *Plan,* in dem sie die genaue Lage ihrer Entdeckungen vermerken können. Schicht um Schicht des Erdreichs tragen sie ab. Oft durchsieben sie den aufgewühlten Boden sorgfältig, damit ihnen keine noch so winzige Tonscherbe, kein kleines Schmuckstück, kein Stück einer Speerspitze verlorengeht. Alle gefundenen Einzelteile werden gekennzeichnet, fotografiert und in einer Liste eingetragen.

### Zusammensetzen und restaurieren
Dann beginnt die mühevolle Arbeit des Zusammensetzens: Scherben werden zu einer Schale oder einem Krug. Eine Speerspitze läßt vermuten, wie der Speer einst ausgesehen hat. Oft fehlen Teile, und die Archäologen müssen sie ersetzen. Wir nennen das *restaurieren* (wiederherstellen). Dabei hilft dem Archäologen der Vergleich mit anderen Fundorten, an denen vielleicht ganz ähnliche Dinge entdeckt worden sind — etwa Tongefäße, auf denen bestimmte Verzierungen oder Darstellungen zu erkennen sind.

Die Kleinarbeit am Ausgrabungsort und das Restaurieren im Museum erfordern viel Geduld. Es lohnt sich aber, denn nur so können wir die Spuren unserer Vorfahren schließlich lesen.

### Altersbestimmung
Nun folgt noch ein wichtiger Teil der Arbeit eines Archäologen: Er muß herausfinden, aus welcher Zeit sein Fund stammt. Früher mußte man oft schätzen und mühsame Vergleiche anstellen: Was tief in der Erde lag, galt als älter, Gegenstände an der Oberfläche als jünger. Da konnten sich viele Fehler einschleichen. Heute helfen dem Archäologen Physiker, Chemiker, Computerfachleute und andere Wissenschaftler bei der Altersbestimmung. Biologen können z. B. an den Jahresringen eines Baumstammes erkennen, wann der Baum gefällt und zum Hausbau verwendet wurde.

### Wo die Archäologen nicht mehr weiterwissen
Alle diese Angaben dienen den Vorgeschichtsforschern dazu, die Zeit zu erhellen, die lange vor unserer Gegenwart war. Aber doch wird ihnen vieles für immer verborgen bleiben, und über vieles können sie nur Vermutungen anstellen. Genau werden sie zum Beispiel nie erfahren:
— was die Menschen in der Frühzeit dachten oder fühlten,
— welche Gebräuche und Sitten sie hatten,
— wie sie sprachen und sich selbst oder andere Menschen nannten.

*So kamen die Teile eines Kochkessels aus Bronze in die Werkstatt des Bayerischen Landesamtes für Denkmalpflege.*

*Nach drei Monaten Arbeit war der Kessel wiederhergestellt.*

## Fundorte machen Geschichte

Obwohl die Archäologen nicht wissen, wie sich die frühen Menschen anredeten, geben sie ihnen heute Namen.
So hat fast jeder schon einmal vom *Neandertaler* gehört. Er wurde vor etwa 130 Jahren im Neandertal bei Düsseldorf gefunden. Dort befand sich ein Steinbruch, und die Arbeiter entdeckten darin auch immer wieder Knochen. Eines Tages erfuhr der Lehrer Dr. Fuhlrott von diesen seltsamen Funden. Die Archäologie, die Wissenschaft von den Ausgrabungen, war sein Hobby. Kaum hatte er die Knochen gesehen, war er überzeugt, daß es sich um Überreste eines Menschen handeln müsse. Vorsichtshalber brachte er seinen Fund noch an die Universität nach Bonn. Es handelte sich wirklich um die Gebeine eines Menschen, der in der Altsteinzeit gelebt haben mußte. Bald war er auf der ganzen Welt als der Neandertaler bekannt.

Dabei hatte am Anfang, außer Dr. Fuhlrott und dem Universitätsprofessor, niemand so recht daran glauben wollen, denn der Mensch, den man aus den gefundenen Knochen nachgebildet hatte, sah uns heutigen Menschen nicht sehr ähnlich. Als aber in anderen Teilen der Erde, in Afrika und Asien, ähnliche Knochenfunde gemacht wurden, schien der Beweis erbracht: Tatsächlich mußte vor etwa 50 000 Jahren eine Menschenrasse auf der Erde gehaust haben, die dem Neandertaler glich. Den Namen aus Deutschland behielt man bei, ob man den Menschentyp nun in Rußland, in China oder in Südafrika fand.

Lange Zeit glaubten die Menschen, der Neandertaler habe wie ein Affe ausgesehen und sei auch nicht viel klüger gewesen. Heute, nach vielen Funden, weiß man jedoch, daß er ein „echter" Mensch war und schon mit sehr viel Vernunft begabt.

Auch an diesem Beispiel kannst du sehen: Ein einzelner Fund besagt noch nicht viel — er kann sogar zu vorschnellen und falschen Annahmen führen. Erst durch mehrere Funde können wir uns ein richtiges Bild von den Menschen von früher machen. Irgendwann, auch das weiß man nicht genau, ist der Neandertaler ausgestorben. Aus allen Funden konnten die Archäologen bisher auch die Gründe nicht entdecken, warum er plötzlich von der Erde verschwand.

Nach dem Neandertaler kam der *Cro-Magnon-Mensch*, unser eigentlicher Vorfahr. Er trägt seinen Namen nach dem Fundort in Frankreich, wo man Knochen dieses Menschentyps zum ersten Mal ausgrub. Es gibt noch viele andere Fundorte, nach denen eine bestimmte Menschenrasse ihren Namen trägt, zum Beispiel der *Heidelberger-Mensch*, der *Peking-Mensch* oder der *Java-Mensch*.

## Bandkeramiker, Schnurkeramiker

Manchmal hat man bestimmte Menschengruppen auch nach Formen, Techniken oder Verzierungen an Gefäßen benannt, die man gefunden hat. So gab es am Ende der Steinzeit die *Bandkeramiker* und die *Schnurkeramiker*. Unter Keramik versteht man alle Gegenstände, die aus Ton gefertigt sind. Bei den Bandkeramikern hatten die Gefäße Verzierungen, die wie Bänder aussahen. Die Schnurkeramiker legten Schnüre um den noch weichen Ton, und so entstanden die schnurähnlichen Abdrücke im Geschirr. Versuche doch selbst einmal, solche steinzeitlichen Verzierungen auf einem weichen Stück Ton anzubringen.

*1. Am Fundort beginnt die eigentliche Arbeit eines Archäologen. Was muß er tun, bis wir einen Fundgegenstand im Museum bewundern können?*

*2. Worüber können uns die Ausgrabungen der Archäologen keine Auskunft geben?*

*3. Wie kam der Neandertaler zu seinem Namen?*

*4. Außer Bandkeramikern und Schnurkeramikern gab es z. B. auch die Glockenbecherleute. Wie kamen wohl sie zu ihrem Namen?*

# Die Steinzeit: Wie die Menschen dazulernten

## Das Leben in der Altsteinzeit

### Die Eiszeiten

Wir wissen nicht genau, wann die ersten Menschen auf der Erde erschienen. Sicher gab es schon vor *drei Millionen Jahren* menschenähnliche Lebewesen. Während dieser langen Zeit hat die Erde ihr Gesicht mehrmals verändert. Das war die Folge von Klimaveränderungen: Es gab mehrere *Eiszeiten*, in denen die Sommer nur kurz und kalt waren. Zeitweise lag ganz Nordeuropa von den Alpen bis Norwegen unter einer Eisschicht, die stellenweise tausende von Metern dick war. Zwischen den Eiszeiten wurde das Klima wärmer. Das Eis schmolz ab, und gewaltige Wassermassen stürzten in Strömen dem Meer entgegen. Sie türmten Schutt und Gestein zu Hügeln und Moränen auf.

Die Klimaschwankungen und Naturveränderungen gingen an der *Pflanzen- und Tierwelt* nicht spurlos vorüber. In warmen Zeiten, den Zwischeneiszeiten, entstanden riesige Steppen und Wälder. Während der Eiszeit gediehen nur niedrige Sträucher oder Moose in den eisfreien Gegenden. Dort konnten große Tiere — Mammuts, Rentiere, Höhlenbären und Wildpferde — leben. Andere Tiere, die mehr Wärme brauchten und sich nicht anpassen konnten, starben aus oder wanderten ab.

### Die Menschen lebten vom Sammeln und Jagen

Auch die Menschen mußten sich der Natur anpassen, denn sie lebten von dem, was ihnen die Natur bot. Lange Zeit waren sie *Sammler*. Ihre Nahrung bestand aus Beeren, Wurzeln, Früchten oder Knollen, aber auch Würmer und Schnecken verschmähten sie nicht. Als das Klima schlechter wurde, reichte Sammeln allein nicht mehr aus, um satt zu werden. Die *Jagd* wurde lebensnotwendig.

Die Reviere der Tiere waren groß. Auf der Suche nach Beute zogen die Steinzeitjäger hinter ihnen her — oft viele hundert Kilometer. Wo sie sich eine zeitlang niederließen, fanden sie in *Höhlen* oder *Zelten aus Tierhäuten* Unterschlupf.

Die Jäger und Sammler lebten in Gemeinschaften, die wir *Horden* nennen. Etwa 20 bis 50 Personen, so nimmt man an, taten sich jeweils zusammen. Das war von großem Vorteil. Ein einzelner wäre den wilden Tieren und der rauhen Natur schutzlos ausgeliefert gewesen. In der Gruppe aber war er geschützt. Alle halfen zusammen. Die Männer gingen zum Jagen. Kehrten einige ohne Erfolg zurück, hatten andere vielleicht mehr Glück! Die Frauen blieben mit den Kindern in der Nähe der Lagerstellen. Beim Jagen mußte man schnell laufen. Das war nichts für die kleineren Kinder.

**Warum konnte sich der Mensch behaupten?**
Die Tiere waren oft stärker, schneller und durch ihr dickes Fell besser geschützt als der Mensch. Trotzdem hatte der Mensch ihnen gegenüber entscheidende Vorteile.
Er hatte gelernt, *Werkzeuge und Waffen* herzustellen.
Er kannte das *Feuer,* das er sorgsam hütete, um sich daran zu wärmen. Zugleich hielt er mit dem Feuer die wilden Tiere von seinen Lagerplätzen fern.
Das wichtigste aber waren sein *Verstand* und seine *Sprache.* Die Menschen konnten denken, planen, ihre Erfahrungen einander mitteilen und sich absprechen. Sie *lernten* aus ihren Erfahrungen und Beobachtungen. All dies machte den Menschen zum überlegenen Lebewesen auf der Erde.

**Wie die Steinzeitmenschen gefährliche Tiere jagten**
Das *Mammut* war die begehrteste Jagdbeute in der Eiszeit. Wochenlang konnten sich die Jäger an den Bergen von Fleisch und Fett sattessen. Knochen und Stoßzähne dienten als Material für Werkzeuge und Speerspitzen, als Gerüst für ihre einfachen Hütten, oft auch als Brennmaterial.
Das Mammut war nicht nur riesig, sondern auch sehr gefährlich. Seine Stoßzähne waren eine fürchterliche Waffe. Einem solchen Koloß waren die Steinzeitmenschen weit unterlegen. Aber sie hatten ja Verstand. Sie beobachteten die Tiere, kannten deren Gewohnheiten, hatten Waffen und konnten sich überlegen, wie sie den Eiszeitriesen gemeinsam überwältigen wollten. Sie erschreckten die scheuen Tiere; diese ergriffen die Flucht. Das eine oder andere verletzte sich dabei und konnte den Pfeilen und Speeren der Jäger nicht mehr entkommen. Eine andere Möglichkeit bestand darin, die tonnenschweren Mammuts aufs Eis zu jagen, wo sie dann einbrachen, während sich die leichteren Jäger ohne Gefahr ihrer Beute nähern konnten. Manchmal trieben sie die Mammuts steile Abhänge hinab, bis sie tödlich abstürzten. Auf ähnliche Weise jagten sie auch andere große und gefährliche Tiere wie Elefanten, Bären oder Nashörner.

Eine Jagdgeschichte, die sich so oder ähnlich vor 150 000 Jahren in einem Moor der Lüneburger Heide abgespielt hat, erzählt der berühmte Fund des *Elefanten von Lehringen:*
Lange hatte es gedauert, bis die neue, drei Meter lange Waffe fertig war. Nun nahmen die Neandertal-Jäger den dicken Holzspieß aus der Glut, dessen Spitze das Feuer gehärtet hatte. Würde diese Wunderwaffe ausreichen, einen der Waldelefanten zu töten?
Nach stundenlangen Streifzügen hatten sie ihre Beute gesichtet. Wie abgesprochen, teilten sich die Jäger auf. Die Gruppe mit dem Holzspieß schlich sich von einer Seite heran, die Treiber kamen von der anderen Seite. Jetzt waren sie nahe genug. Urplötzlich stimmten die Treiber ein ohrenbetäubendes Geschrei an. Der Waldelefant, zu Tode erschreckt, lief in blinder Angst in die entgegengesetzte Richtung und ... geradewegs in die Pfahlspitze hinein. Die Jäger hatten gewußt, daß sie auch zusammen der Kraft des Elefanten nicht gewachsen waren. Deshalb hatten sie den Pfahl vorher in den Boden gerammt.
Doch der Elefant war nicht tödlich getroffen. Er raste davon, den abgebrochenen Spieß in der Brust. Die Jäger nahmen die Verfolgung auf und mußten zusehen, wie sich das Tier in einen Tümpel warf, wohl um die Wunde zu kühlen. Aber der morastige Untergrund gab mehr und mehr nach, und der Elefant versank im Schlamm und erstickte. Diesmal waren die Jäger um Beute und Waffe gekommen.
Zum Glück, sagen wir heute. Denn sie hätten sonst das Mammut wie gewöhnlich mit ihren Faustkeilen zerteilt und nach und nach zum Rastplatz geschleppt. Außer ein paar Knochenresten wäre wohl nicht viel von ihm übriggeblieben. So aber erhielt das saure Moorwasser das Elefantenskelett mit dem Holzspieß, bis es bei Baggerarbeiten nach dem Zweiten Weltkrieg gefunden wurde.

*1. Archäologen haben versucht, nach Funden ein Lager von Mammutjägern wieder aufzubauen (zu rekonstruieren). Beschreibe das Bild und erzähle, was du über das Mammut weißt.*
*2. Erfindet andere Jagdgeschichten, die in der Eiszeit spielen. Die folgenden Wörter könnt ihr in eure Geschichten einbauen: Wetter, Kälte, Hunger, Horde, Speere, Pfeile, Steppe, Herde, Geweih, Gewicht, Transport, Freude, Feuer.*

# Götter, Gräber, Zauberer

Aus der Geschichte wissen wir, daß die alten Völker Götter hatten. Ob Ägypter, Griechen, Römer oder Germanen, alle glaubten an göttliche Wesen. Du wirst später in diesem Buch noch näheres darüber erfahren. Hatten aber die Steinzeitmenschen auch schon Götter? Das haben sich die Forscher immer wieder gefragt.

### Die Tiere — mächtige Wesen
In manchen Höhlen hat man die Schädel von Höhlenbären gefunden, die dort sorgfältig aufgestellt waren. Einige dieser Tierschädel lagen sogar in steinernen Kisten. Das mußte doch einen Sinn haben! Und die vielen Tierbilder, die auf die Höhlenwände gemalt waren, was hatten sie zu bedeuten?
Um all diese Fragen beantworten zu können, müssen wir noch mehr über das Leben der Steinzeitmenschen wissen. Wenn die jagende Horde Glück hatte, konnte sie ein Tier töten. Oft aber waren die Tiere schneller, und die Jäger gingen leer aus. Nicht selten kamen sie auch ohne Beute zurück. Kinder und Frauen und die ganze Horde litten dann Hunger. Und manchmal vergingen Tage, bis die Männer wieder ein Wild aufspürten. Es kam auch vor, daß die Jäger gar nicht zurückkehrten: Sie waren tödlich verletzt worden.
Die Tiere waren stark und mächtig, die Jagd auf sie war für die Steinzeitmenschen lebensgefährlich. Konnten die Tiere sich vielleicht sogar rächen, wenn eines von ihnen getötet wurde? Und doch brauchten die Menschen die Tiere, um nicht zu verhungern!

*Die Überreste eines steinzeitlichen Opfertiers. Im Bild sind Steine zu erkennen, mit denen das Rentier einst versenkt wurde.*

### Opfer für einen Gott der Tiere?
In der Nähe von Hamburg hat man in einem verlandeten Teich das Skelett eines zweijährigen Rentiers gefunden. Nun wäre das nichts Besonderes, wenn in der Brusthöhle des Tieres nicht ein schwerer Stein gelegen hätte. Verschluckt haben konnte das Rentier diesen Stein nicht, dafür war er zu groß. Man hatte das Rentier im Teich versenkt und mit dem Stein beschwert. Als noch andere Rentiere mit solchen Steinen gefunden wurden, war klar, daß die Menschen sie mit Absicht im Wasser versenkt hatten, als der Teich noch tief war. Aber warum?
Die Jäger hatten die Tiere *geopfert*. Sie glaubten, daß sie damit etwas erreichen würden. Dieser Glaube bestimmte ihr Verhalten: Sie hätten sich das Fleisch der versenkten Opfertiere ja auch schmecken lassen können, und daß abgezogene Rentierfelle eine warme Kleidung abgaben, wußten sie auch. Insofern bedeuteten die versenkten Tiere ein großes persönliches Opfer. Vielleicht glaubten sie, einen Gott der Rentiere dadurch gnädig zu stimmen?
Sie wollten die Tiere ja nicht töten, aber sie mußten es tun, um zu überleben. Und wenn sie einen Höhlenbären erlegten, so wehrten sie sich gegen ein gefährliches Raubtier. Hinterher aßen sie natürlich auch sein Fleisch. Und um den Gott der Höhlenbären gnädig zu stimmen, bewahrten sie die sauber abgenagten Schädel der Höhlenbären auf.
Wahrscheinlich war der Gott der Steinzeitmenschen ein *Gott jener Tiere, die sie jagten.* Vielleicht gab es für jede Tierart einen Gott. Wir können es vermuten, aber wir wissen es nicht.

### Höhlenbilder und Jagdzauber
Das Leben der Steinzeitmenschen hing von den Tieren und vom Jagdglück ab. In Mitteleuropa, in Asien und Afrika hat man Höhlen entdeckt, in denen die damals jagdbaren Tiere mit kräftigen Farben auf die Felswände gemalt sind. Meist finden sie sich tief im Innern der Höhlen.
Dort waren keine Wohnungen, sondern Treffpunkte. Die Jäger kamen hier zusammen, um den nächsten Jagdzug zu beschwören. Oft verkleideten sie sich in Tiergestalten und tanzten zur Flötenmusik vor den Bildern. Manchmal warfen sie auch ihre Speere auf die Bilder. Man weiß das, weil in manchen Höhlen auf den Gemälden Einschußlöcher gefunden wurden.
Die tanzenden Jäger wollten so vielleicht die Tiere verzaubern, um bei der anschließenden Jagd erfolgreich zu sein. Vielleicht wollten sie aber auch die Tiergötter bitten, ihnen zu verzeihen und trotzdem viel Fleisch zu schicken, indem sie ihnen Jagdtiere zutrieben.

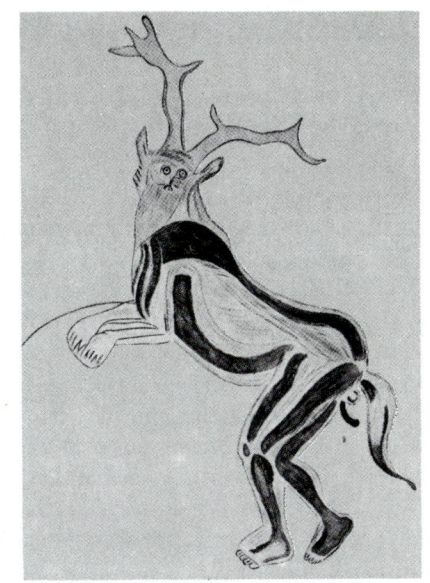

*Links: Das Bild dieses Wisents mit Pfeilen im Leib wurde in einer Höhle in Südfrankreich entdeckt.*
*Rechts: Über Hunderten von Tierdarstellungen erhebt sich dieser Zauberer in einer Höhle in Frankreich. Das Zauberwesen trägt ein Rentiergeweih, hat die Augen einer Eule, einen Bisonbart, Bärentatzen und einen Wildpferdschweif.*

## Gräber bergen Geheimnisse

Die meisten Menschen glauben daran, daß das Leben nach dem Tod nicht zu Ende ist. Niemand weiß, wie es nach dem Tod weitergehen wird. Es ist ein Geheimnis, das wir erst nach dem Tod erfahren.

In Südwestfrankreich, nahe bei Bordeaux, haben Neandertaler vor rund 50 000 Jahren einen Jungen begraben. Er lag unter einem Felsen, und sein Kopf ruhte auf seinem Arm, als ob er schliefe. So hat man ihn gefunden. Daneben lag etwas geröstetes Fleisch und ein Faustkeil. In Rußland fand man die Skelette von zwei Jungen, die vor 23 000 Jahren starben. Kopf an Kopf lagen sie aneinander. Prächtige Dolche aus Mammutelfenbein und Perlen waren in ihrem Grab. Überall auf der Erde hat man ähnliche Gräber entdeckt. In vielen waren Waffen, Reste von Nahrung und Schmuckgegenstände. Was haben sie zu bedeuten?

Wir wissen heute, daß die Toten nichts mehr zu essen brauchen, daß sie keine Kleider und auch sonst keine Gegenstände des täglichen Lebens mehr benötigen. Sind wir deswegen klüger als die frühen Menschen der Steinzeit? Wenn wir unsere Toten begraben, geben wir ihnen Blumen mit ins Grab. Die meisten unserer Friedhöfe sind auch heute noch mitten in den Dörfern und Städten. Wir wollen unsere Verstorbenen eben in unserer Nähe wissen, weil wir an ein Leben nach dem Tod glauben.

Auch die Steinzeitmenschen, die ihren Toten Nahrung, Waffen und Schmuck mit ins Grab legten, glaubten offensichtlich an ein Leben nach dem Tod. Doch genausowenig wie wir wußten sie, wie dieses Leben aussieht. Vielleicht glaubten die Steinzeitmenschen, daß die Toten auf ihrer Reise ins Jenseits Proviant und Waffen brauchten? Vielleicht glaubten sie auch, daß die Menschen in den Gräbern auf eine andere Art weiterlebten, obwohl sie nicht mehr atmeten. Wie wir heute machten sich die Steinzeitmenschen Gedanken darüber, woher sie kamen und wohin sie gehen würden.

*Dieses Grab aus dem bayerischen Raum stammt aus der Jungsteinzeit. Doch schon bei den Neandertalern gab es solche Bestattungen. An Kopf, Hals und Hüfte des Skeletts lag Muschelschmuck.*

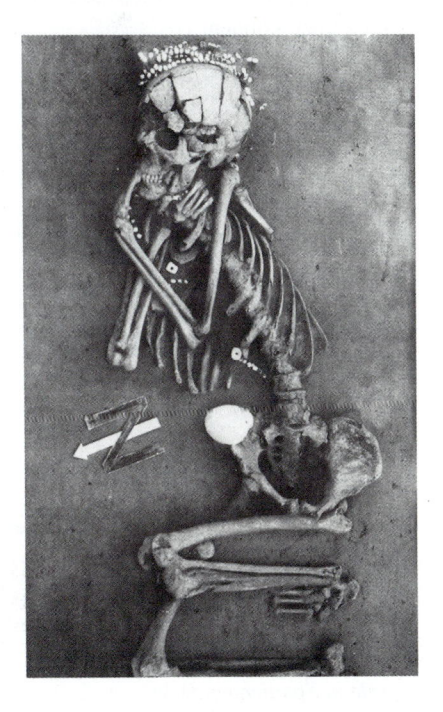

○ *Die Steinzeitmenschen hatten bereits eine Religion. Weshalb können wir das annehmen?*

# Aus Sammlern und Jägern werden Bauern

**Als das große Wasser kam**

In der Bibel wurde in uralter Erinnerung die Geschichte von der *Sintflut* und der Arche Noah aufgeschrieben. Daß die Sintflut keine bloße Erfindung war, sondern irgendwann stattgefunden haben muß, wird heute von vielen Forschern anerkannt. Tatsächlich gab es wohl mehrere solcher Sintfluten, wie es auch mehrere Eiszeiten gegeben hat.

Vor etwa 10 000 Jahren ging die letzte große Eiszeit ihrem Ende zu. Die Temperatur stieg an, überall *schmolzen die Eismassen* und ergossen sich über das Land. Das viele Wasser floß ins Meer. Der Wasserspiegel war bald 100 Meter höher als vorher. Das Meerwasser überschwemmte auf der ganzen Erde ein Gebiet von der Größe Afrikas — wertvolle Jagdgründe gingen verloren. Konnte man vorher zum Beispiel aus der Gegend, wo heute Hamburg liegt, nach England wandern, trennte von nun an die Nordsee die Insel vom Festland. Tiefergelegene Gebiete wurden zu Sümpfen, höhergelegene Gegenden trockneten aus.

Mammut und Rentier, die Hauptnahrungsquelle der Jäger und Sammler aus der letzten Eiszeit, wanderten langsam nach Norden ab. Manche Jägerhorden folgten ihnen, andere verlegten sich mehr aufs Sammeln von Muscheln, die angeschwemmt worden waren. Einige Jäger fingen an, Fische zu fangen. Doch nicht alle hatten das Glück, sich vom Fischfang ernähren zu können.

**Eine neue Art zu jagen**

Wollten die Jäger, die jahrtausendelang das große Wild gejagt und zum Teil in Überfluß gelebt hatten, nicht verhungern, mußten sie sich auf die Tiere umstellen, die neu eingewandert waren. Es war für sie nicht leicht, die Hirsche, Rehe, Elche und Wildschweine zu jagen. Wo während der Eiszeiten offenes Grasland gewesen war, boten nun *dichte Wälder* den Tieren Schutz. Schnell konnten sie sich im Dickicht verstecken und waren für die Jägerhorden verloren. Die Jäger brauchten deshalb andere Waffen: Sie warfen mit Speeren, schossen mit Pfeil und Bogen und stellten Harpunen und Angelhaken her. Damit konnten sie auch aus der Entfernung die Tiere erlegen. Schon die Mammuts waren einst auf zugespitzte Pfähle in Gruben gefallen, die Menschen geschaffen hatten. Nun waren es ausgeklügelte Schlingenfallen, mit denen die Jäger dem Wild nachstellten.

**Die Zähmung der Tiere**

Anders war es in den südlichen Ländern. Weite Grasflächen waren dort entstanden. Es gab riesige Herden von *Ziegen*, *Schafen* und *Rindern*. Ihnen zogen die Menschen hinterher, immer blieben sie in ihrer Nähe. Und so verloren die Tiere mit der Zeit ihre Scheu und gewöhnten sich an die Menschen. Die ersten *Nomaden* — so nennt man die Menschen, die mit Viehherden umherziehen und von ihnen leben — hatten auf

*Steinzeitjäger haben dieses Felsenbild gemalt. Es wurde in Spanien entdeckt.*
○ Was war das Neue an der hier dargestellten Jagdmethode?

*Wildtiere, die in Mitteleuropa gejagt wurden, als das Klima sich erwärmte (von links nach rechts): Reh, Ur (Auerochse), Elch, Wildschwein, Hirsch, Braunbär.*

Oben: Wildrind (Ur) — Hausrinder der Jungsteinzeit, der Metallzeit, der Jetztzeit.
Links: Wildweizen — Zuchtweizen — moderner Weizen.
○ Welche Veränderungen erkennst du bei den gezüchteten Formen?

Rechts: So haben wahrscheinlich die ersten seßhaften Menschen das Wildgetreide geerntet.

diese Weise immer einen lebenden Fleischvorrat bei sich. Verspürten sie Hunger, schlachteten sie einfach eines der Tiere. Das war eine sichere Sache.

Auch Hunde wurden in dieser Zeit zu Begleitern der Menschen. Sie fraßen, was von den Mahlzeiten übrig blieb. Für die Nomaden waren sie eine wichtige Hilfe, weil sie laut zu heulen begannen, sobald sie Raubtiere witterten.

Die Menschen begannen auch selber, junge Schafe, Ziegen, Rinder oder Schweine aufzuziehen. Diese Tiere wurden dann *zahm*, aber auch träger und schwerfälliger als ihre wilden Artgenossen. An alten Knochenresten können Archäologen das heute noch ablesen: Die Wildformen hatten noch kantige und scharfe Gelenke, die neuen *Haustiere* hingegen waren mit runderen und plumperen Knochen ausgestattet. Die zahmen Tiere vermehrten sich, die Herden wurden größer. Auch die Menschen wurden zahlreicher. Jetzt waren sie keine Jäger mehr, sondern *Viehzüchter*.

## Das unlösbare Rätsel

Bis heute weiß man nicht, warum die Menschen, die so lange Zeit vom Jagen, Sammeln und dann auch von der Viehzucht gelebt hatten, *seßhaft* wurden, anfingen zu säen, zu warten und zu ernten. Mehrere Millionen Jahre hatten sie umherziehend gelebt, weshalb änderten sie jetzt innerhalb weniger Jahrtausende ihre Lebensweise? Reichte das Land nicht mehr aus, um genügend Nahrung zu finden? Oder waren die Menschen zu viele geworden? Nahmen sie sich gegenseitig den Platz weg? Jäger und Sammler brauchen viel Land, um sich zu ernähren. Sie müssen weit umherziehen. Ackerbauern kommen im Vergleich dazu mit einem winzigen Stück Land aus. Solche Überlegungen stellen die Geschichtsforscher an, doch den wirklichen Grund wissen sie nicht. Wahrscheinlich hat es mehrere Ursachen gegeben, von Gegend zu Gegend verschieden.

## Die ersten Ackerbauern

Einfacher ist es zu sagen, *wie* die Menschen zu *Ackerbauern* wurden, obwohl auch das nicht ganz geklärt ist. Vielleicht blieben die Nomaden an einem Ort, wo nicht nur ihre gezähmten Tiere genügend Gras fanden, sondern auch sie selbst von *wilden Getreidearten* leben konnten, die sich nach der letzten Eiszeit ausgebreitet hatten. Ein Forscher hat sich einmal die Mühe gemacht, das auszuprobieren. Mit einer steinzeitlichen Sichel ausgerüstet, zog er in die Berge. Innerhalb einer Stunde erntete er fast drei Kilo Wildgetreide. Das mußte auch für die ersten seßhaften Menschen genug gewesen sein, um sich ohne große Mühe zu ernähren. Einfach zu ernten war wilder Weizen aber nicht. Sind die Körner reif, fallen sie ab, sobald der Wind sie schüttelt oder Menschenhand sie berührt. Es gibt jedoch auch unter wildem Weizen einige Pflanzen, bei denen die Körner fest am Halm bleiben. Diese brachten die ersten Siedler öfter nach Hause, wo sie weiter verarbeitet wurden. Ein paar Körner fielen dabei meistens zu Boden und keimten im nächsten Jahr aus. Ganz von selbst vermehrte sich also in der Nähe von Siedlungen gerade dieser Weizen. Er war der Vorläufer des *gezüchteten Weizens,* aus dem unser Brot gebacken wird.

Mit der Zeit lernten die Menschen auch, daß sie einen Teil ihrer Ernte *aufsparen* konnten, um den Rest wieder auszusäen, wo der Boden feucht und leicht zu lockern war. Auch Hülsenfrüchte wie Bohnen, Erbsen und Linsen und Obstarten ließen sich auf diese Weise anbauen. Die Menschen waren richtige Bauern geworden.

*1. Was geschah, als die letzte Eiszeit zu Ende ging?*
*2. Wie kamen die Menschen mit der Klimaveränderung zurecht?*
*3. Stelle in einer Liste zusammen, wie sich die Lebensweise der Jäger, Nomaden und Bauern voneinander unterschied.*

# Die Jungsteinzeit — die Zeit der großen Erfindungen

### Die neue Art zu leben
Wir nennen die Zeit, in der die Menschen seßhaft wurden — in Mitteleuropa war das etwa *5000 v. Chr., also vor etwa 7000 Jahren* — *Jungsteinzeit*. Das Leben der Menschen hatte sich nun grundlegend gewandelt.

Die Jäger und Sammler hatten von der Natur genommen, was sie brauchten, fast ohne etwas zu verändern. Fanden sie nicht genug zum Leben, zogen sie an einen anderen Ort. Immer paßten sie sich der Natur an.

Ganz anders lebten die Ackerbauern. Sie blieben an einem Ort und *veränderten die Natur:* Sie säten, pflanzten, bewässerten, hielten sich Haustiere, bauten Häuser, Scheunen und Gehege. Dabei *planten sie voraus:* Sie schlachteten zu bestimmten Zeiten ihre Tiere, pflegten den Boden, um zur rechten Zeit zu säen und zu ernten, legten Vorräte an für die kalte Jahreszeit.

Eine Menge Arbeiten fielen an, die vorher nicht notwendig gewesen waren. Die Bauern mußten viel Neues dazulernen. Eines zog das andere nach sich. Ein Beispiel: Um eine gute Getreideernte zu erhalten, mußte der Boden gelockert werden. Die Bauern erfanden den *Pflug*. Um das Getreide zu schneiden, brauchten sie scharfe *Sicheln*. Zum Ernten benötigten sie *Körbe*, zum Dreschen *Dreschflegel*. Zum Mahlen verwendeten sie die einfachste Form einer *Mühle:* Auf großen, flachen Steinen wurde das Getreide mit einem kleineren Stein zerrieben.

### Töpferei
Die Bauern mußten mit ihrer Ernte sorgsam umgehen. Sie mußten sie für den Winter lagern und einen Teil für die nächste Aussaat aufbewahren. Dazu brauchten sie geeignete Gefäße, in denen die Vorräte vor Feuchtigkeit und Ungeziefer geschützt waren. Die Menschen hatten gefunden, daß Lehm ein besonders dichtes Material ist, auch zum Hausbauen verwendeten sie ihn. Vielleicht durch die Beobachtung angeregt, daß Lehm, also tönerne Erde, unter den Feuerstellen hart wurde, begannen die Menschen nun, den *Ton* zu bearbeiten. Die Kenntnis des *Töpfers* wurde so zu einer der wichtigsten Errungenschaften für die seßhaften Ackerbauern.

Der Ton wurde gut durchgeknetet, bis keine Luftbläschen mehr zu sehen waren. Dann wurden die Gefäße geformt. Verzierungen ließen sich in den noch nassen Ton leicht einritzen. Dann stellten die Töpfer ihre Gefäße erst einmal zum Trocknen auf. Das Trocknen mußte langsam vor sich gehen, denn verdunstet das Wasser aus dem Ton zu schnell, etwa unter praller Sonne, machen Risse die Gefäße unbrauchbar. Zuletzt wurden die noch zerbrechlichen Gefäße gebrannt, wodurch sie hart wurden wie Stein. In früheren Zeiten stellten die Menschen ihre Tonformen einfach ins Feuer, später bauten sie richtige Brennöfen. Sie lernten auch, bestimmte Farben zu verwenden, die in den Ton einbrannten.

Irgendwann erfanden die Menschen im Vorderen Orient die *Töpferscheibe*. Du weißt sicher, wie die Arbeit an so einer Töpferscheibe vor sich geht: Der Ton wird in der Mitte der Scheibe festgedrückt und abgerundet. Dann fängt der Töpfer an, die Scheibe gleichmäßig zu drehen und zieht mit seinen Händen aus dem Tonklumpen kreisrunde und dünnwandige Gefäße. All das geht viel schneller und geschmeidiger als das „Aufbauen" der Gefäße von Hand. Bis heute hat sich am Töpferhandwerk nichts Wesentliches geändert.

### Spinnen und Weben
Wollten die Menschen der Altsteinzeit etwas anzuziehen, mußten sie Tiere töten, deren Fell abziehen, es gerben und vernähen. Die Ackerbauern und Nomaden der Jungsteinzeit hatten das nicht mehr nötig, denn sie hatten eine wichtige

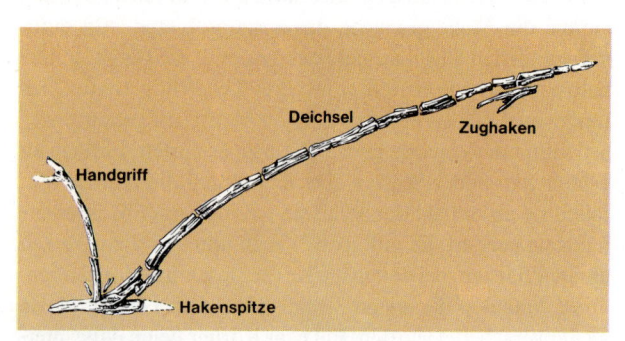

*Oben: Hakenpflug aus der Jungsteinzeit*
*Unten: Dieser Bauer aus Äthiopien (Afrika) verwendet noch heute einen ganz ähnlichen Pflug.*

Entdeckung gemacht: Pflanzenfasern (von Flachs) und Tierhaare (Schafwolle und Ziegenhaar) ließen sich, wenn man sie zusammendrehte und spann, zu langen und reißfesten Fäden verarbeiten. Wenn diese Fäden dann wie beim Korb- oder Zaunflechten verkreuzt wurden, konnten *Stoffe* hergestellt werden. Das bedeutete zugleich haltbarere, abwechslungsreichere und angenehmere Kleidung.

In den Dörfern der Jungsteinzeit wurden oft durchbohrte, kegelförmige Tonstücke gefunden, die einst an Fäden aufgehängt wurden. Man weiß das, weil an den Löchern Eindrücke von Fäden zu erkennen sind. Die Tonstücke, so nimmt man an, waren die Gewichte jungsteinzeitlicher *Webstühle*. Sie dienten dazu, die Fäden beim Weben zu straffen.

**Vollendete Steinwerkzeuge**

Die Bauern der Jungsteinzeit rodeten Wälder, fällten Bäume und schlugen sich Pfosten für ihre Häuser zurecht. Ohne gutes Werkzeug war das nicht zu machen. Bäume mit scharfen, zugeschlagenen Steinen zu fällen, die an einem Stiel mit Tiersehnen angebunden waren, erwies sich als schwierig. Oft kam es vor — vor allem wenn man fester zuschlug —, daß sich die Steinbeile vom Holzschaft lösten, denn die Tiersehnen rissen leicht. Die Bauern besannen sich auf eine neue Konstruktion. Sie durchbohrten die Steinbeile in der Mitte, schliffen sie mit Sand und Wasser glatt und polierten sie mit Ton und Kreidestaub, bis sie eine schöne Form und eine scharfe Schneide hatten. Die durchbohrten Beile konnten fest und sicher mit dem Holzstiel verkeilt werden. Mit den neuen Äxten besaßen die Bauern ein äußerst vielseitiges Werkzeug, das sie auch als Waffe verwenden konnten.

Das *Bohren, Schleifen* und *Polieren* der Äxte war eine mühsame und langwierige Arbeit. Einige Tage konnte es schon dauern, bis ein neues Werkzeug fertig war. Kein Wunder also, daß es schon bald die ersten Werkzeugmacher gab, Menschen, die sich wie heutige *Handwerker* auf ganz bestimmte Anfertigungen verlegten und im Austausch für diese von den Bauern mit Lebensmitteln versorgt wurden. Trotzdem, außer Werkzeugmachern und Töpfern gab es noch kaum Spezialisten. Die Dorfbewohner der Jungsteinzeit halfen zusammen, und was der eine konnte, hatten die anderen bald gelernt. Viele Hilfsmittel gab es noch nicht, die die Arbeit — wie in der heutigen Zeit — erleichtert hätten. Ob Weben, Töpfern, Schleifen oder Hausbauen, alles nahm sehr viel Zeit in Anspruch.

Heute ist es ganz anders. Maschinen nehmen uns die Arbeit ab. Deswegen ist die Herstellung von Gebrauchsgegenständen für uns leichter und schneller. Wer aber versucht, mit einfachen Werkzeugen etwas von Grund auf selbst herzustellen, erkennt, welche Leistung die Menschen der Jungsteinzeit vollbrachten.

*Die Abbildungen auf diesen Seiten sind Erfindungen, die das Leben der Menschen in der Jungsteinzeit veränderten.*

*1. Um welche Erfindungen handelt es sich?*
*2. Welche Erleichterungen brachten sie den Menschen?*
*3. Die Abbildung rechts kannst du im Deutschen Museum in München besichtigen. Auch viele Heimatmuseen bewahren Funde und Nachbildungen aus der Jungsteinzeit. Erkundige dich.*

# Die ersten Siedlungen

## Die Menschen lernen voneinander

Du weißt jetzt schon eine ganze Menge über die Lebensweise der Menschen aus der Jungsteinzeit. Zuerst war die neue Art zu leben und zu wirtschaften im *Vorderen Orient* aufgetaucht. Von dort zogen wahrscheinlich Bauern nach Westen und Norden bis Mitteleuropa. Ihre Erfindungen brachten sie mit.

Immer mehr Jäger und Sammler übernahmen von ihnen die neuen Kenntnisse, sie lernten Äcker zu bebauen, gingen aber gleichzeitig noch zur Jagd.

Viel mehr Menschen konnten durch die neue Lebensweise auf engem Raum zusammenleben. Die Bevölkerung wuchs. Wo das Klima günstig und der Boden fruchtbar war, ließen sich die Menschen nieder. Die *Siedlungen* wurden immer zahlreicher. Einige dieser Siedlungen wollen wir uns näher anschauen.

## In unserer Heimat: Dörfer vor 6000 Jahren

In den fruchtbaren Gebieten entlang der Donau — so zum Beispiel in den Landkreisen Regensburg, Kelheim, Straubing und Ingolstadt — haben Archäologen die Reste von Dörfern entdeckt. Menschen der Jungsteinzeit hatten sie einst bewohnt. Die Forscher fanden viele Hausgrundrisse, Abfälle, Werkzeuge, Skelette und Grabbeigaben. Ganze Friedhöfe wurden ausgehoben.

Die Menschen lebten in familienähnlichen Gemeinschaften. Sie bauten Holzhäuser, die recht geräumig waren — die auf der Abbildung oben waren 30—40 Meter lang. In den Häusern wohnten sie, kochten, lagerten Vorräte und stellten her, was sie für den täglichen Bedarf brauchten. Geschickt wie Handwerker hatten sie die Häuser aus Pfostenreihen errichtet, die Wände bestanden aus Lehm und Flechtwerk. In den Abfallgruben fanden die Ausgräber eine Menge Knochen:

*Bau eines Hauses in der Jungsteinzeit*
*Oben: So haben in unserer Heimat die Häuser der Jungsteinzeit wohl ausgesehen. Der Zeichner hat sich bei seiner Rekonstruktion genau an die Ausgrabungen gehalten, die bei Straubing gemacht wurden.*

Daher weiß man, daß die Menschen damals das Fleisch ihrer Haustiere verzehrten — von Rindern, Schafen und Ziegen. Sie hielten auch Hausschweine, bevorzugten aber Wildschweine als Leckerbissen. Fuchs und Biber waren wegen ihres warmen Pelzes sehr begehrt.

Auch flache Reib- und Quetschsteine wurden gefunden. Die Dorfbewohner bauten also schon Getreide an, das sie zwischen den Steinen zu Mehl zerrieben. Um ihr Getreide zu ernten, benutzten sie Steinsicheln mit auswechselbaren Klingen. Ihre Tongefäße hatten seitliche Henkel und konnte so an sicheren Orten aufgehängt werden.

Frauen und Männer schmückten sich mit Muscheln, die teilweise vom Mittelmeer herstammten. Ja, sie schminkten sich sogar mit Rötel, einer roten Kreide, die sie auf Reibplatten zermahlten. Die Frauen steckten ihr Haar mit Kämmen aus Knochen zusammen.

**Arbeiten und Besitzen**

Sorgfältig gebaute Häuser, urbar gemachtes Land, Haustiere, Vorräte an Nahrungsmitteln: das alles war für die Bauern der Jungsteinzeit ein in vielen Jahren mühsam erarbeiteter Besitz. So etwas kannten die Jäger und Sammler nicht. Sie zogen umher und hatten nichts zu verlieren außer ein paar Waffen oder ihrer Kleidung. Doch was hätten die Bauern nicht alles aufgeben müssen, wenn eine Naturkatastrophe oder andere Menschen, die ebenfalls Land suchten, sie vertrieben hätten?

Ihren *Besitz* wollten die Bauern *schützen*, deshalb legten sie auch Zäune und Gräben um ihre Dörfer an. Man hat sogar richtige *Befestigungsanlagen* gefunden.

**Erste Städte**

Während es bei uns in Mitteleuropa am Ende der Jungsteinzeit allenfalls Weiler und kleine Dörfer gab, lebten in anderen Teilen der Erde — zum Beispiel im Vorderen Orient — die Menschen schon lange in größeren Gemeinschaften. Das bekannteste Beispiel ist *Jericho* im Süden des Jordantales. Jericho ist wohl die *älteste Stadt* der Welt. 9000 Jahre ist sie alt. Touristen bewundern heute noch die Reste einer Steinmauer, die die Einwohner von Jericho damals errichteten. Sie war einst sechs Meter hoch und mit riesigen Türmen befestigt. Über das Leben der Menschen, die innerhalb dieser Mauern wohnten, ist allerdings nicht viel bekannt.

Mehr kam bei der Ausgrabung einer stadtartigen Siedlung im Süden der heutigen Türkei heraus. *Çatal Hüyük* liegt an einem Hügel. Auf den Terrassen des Hügels bauten die Menschen zunächst einzelne Häusergruppen, bis dann immer mehr dazukamen und die Besiedlung dichter wurde. Die meisten der Häuser wurden aus Lehmziegeln errichtet. Mauer an Mauer standen sie aneinander, die Abmessung und Aufteilung ähnelten sich in der ganzen Stadt. Böden, Wände und Decken waren mit feinem Ton verputzt. Sogar die Fußböden wurden rot angemalt. Eingänge gab es nur auf den Dächern der Häuser. Wollte man eintreten, mußte man die Leiter benutzen oder von einem der benachbarten Häuser herüberkommen. In den Häusern gab es Küchen mit Herd und Backofen, Speicher und Korridore.

In Körben, Holz- und Steingefäßen bewahrten die Bewohner ihre Vorräte auf. Wie man Tongefäße herstellt, wußten sie anfangs noch nicht. Sie fertigten aber bereits feine Kleidungsstücke aus Wolle und schnitzten Schalen und Kästchen aus Holz. Im Zuschleifen von Steinen waren die Bewohner von Çatal Hüyük wahre Meister. In späterer Zeit lernten sie auch die Kunst des Töpferns.

Die Religion nahm im Alltagsleben einen wichtigen Platz ein. Ein Teil der Ernte und Werkzeuge aus Feuerstein wurden geopfert. Ihren Gottheiten errichteten die Städter sogar eigene Räume.

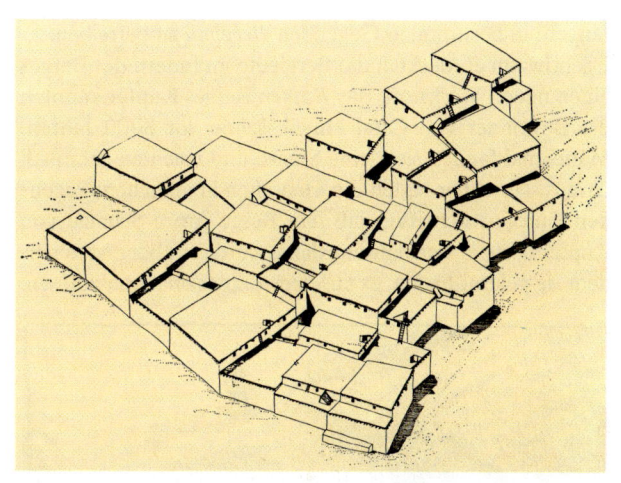

*Oben: Steinzeithäuser von Çatal Hüyük. Die „Haustüren" sind als kleine Punkte auf den Dächern zu erkennen.*
*Unten: Einer der Räume, die die Bewohner von Çatal Hüyük ihren Göttern gebaut hatten.*

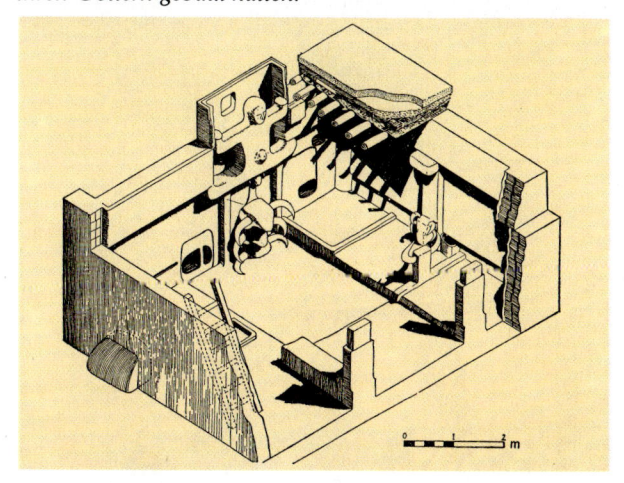

1. *Wo setzte sich die neue bäuerliche Lebensweise zuerst durch?*
2. *Worin unterschieden sich die Siedlungen in unserer Heimat von denen im Vorderen Orient?*

# Die Metallzeit

## Neue Werkstoffe verändern das Leben

**Vom Stein zum Kupfer**

Bis etwa 2000 v. Chr. war bei uns Stein der wichtigste Rohstoff gewesen, um Werkzeuge herzustellen. Am besten geeignet war Feuerstein; und der ließ sich besonders gut bearbeiten, wenn er nicht durch Wind und Wetter gehärtet, sondern noch „erdfeucht" war, also aus dem Berginnern geholt wurde. Das hatten die Menschen gemerkt und angefangen, in bestimmten Gegenden *Bergbau* zu betreiben. Irgendwann entdeckten die Bergleute im Innern des Berges einen neuen Werkstoff: das *Kupfer*. Reines Kupfer kannten die Bewohner von Çatal Hüyük schon vor 8000 Jahren. Manchmal fanden sie kleine Stücke und machten Schmuck daraus. Nun aber hatten die Menschen in manchen Gegenden Europas bemerkt, daß ihre Berge ganze Schätze von Kupfer bargen. Verwendungsfähig wurde es aber erst, nachdem sie gelernt hatten, es aus dem *Erzgestein* herauszulösen.

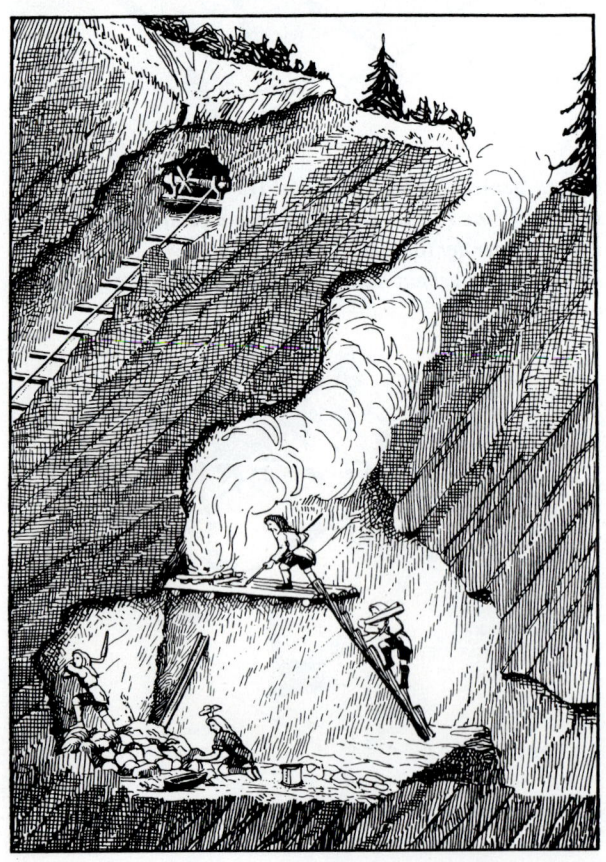

*Das Kupferbergwerk am Mitterberg. Der Zeichner hat es nach den Ausgrabungen rekonstruiert.*

**Bei den Bergleuten am Mitterberg**

Was alles getan werden mußte, um vom Erz zum begehrten Kupfer zu gelangen, zeigen uns Reste des Bergwerks am Mitterberg im Salzburger Land. Hier wurden zwischen 1800 und 800 v. Chr. mehrere tausend Tonnen Kupfer abgebaut, anfangs nur an der Oberfläche, doch bald auch in Stollen und Schächten. Bis zu 100 Meter drangen die Bergleute in den Mitterberg vor. Folgen wir ihnen und beobachten sie bei der Arbeit:

Dunkel ist es hier unten im Berg, und wir müssen uns erst an das schwache Licht der Kienspäne gewöhnen, die an manchen Stellen brennen. Wir erkennen nun Holzbalken, die die niedrige Decke über uns stützen, die Wände, an denen wir entlanggehen, sind schwarz von Ruß. Bergleute kommen uns entgegen. Schwer schleppen sie an ihren Holzkübeln und Ledersäcken, die mit Erzbrocken gefüllt sind. Mit Hilfe der Seilwinde lassen sie sich und ihre Last nach oben ziehen. Wir hören das Hämmern von Pickeln und folgen dem Ton. Plötzlich schlägt uns Rauch und Hitze entgegen. In einem der Gänge brennt ein Feuer.

„Wir erhitzen den Felsen", erklären uns Bergleute, „und dann gießen wir Wasser auf das Gestein. Es wird dadurch rissig und brüchig. Nur so können wir es überhaupt lockern und Brocken herausschlagen. Wir kommen so immer tiefer in den Berg, entlang dieser Erzader. Doch das lose Gestein ist gefährlich, und wir müssen alles abstützen, wo wir geschlagen haben. Je tiefer wir kommen, desto schlimmer wird es auch mit dem Grubenwasser; wir bauen Dämme, damit es nicht in den Stollen fließt, aber oft müssen wir es mit Eimern nach oben schleppen."

Wir klettern wieder nach oben. Im Freien zerschlagen Arbeiter die Steinbrocken. Taubes Gestein wird ausgeschieden, das rötlich schimmernde Kupfererz mit Hilfe von Handmühlen zerkleinert.

Weiter unten am Berg stehen Schmelzöfen. Sie sind aus Stein und Lehm gebaut und halten hohen Temperaturen stand. Schichtweise füllt sie der Schmelzmeister mit Holzkohle und Kupfererz. Wenn das Erz durchglüht und geschmolzen ist, öffnet er den Verschlußzapfen unten am Ofen; das Rohkupfer fließt heraus und rinnt in die ausgegrabenen Sandformen, wo es langsam abkühlt.

Etwa 40 Bergleute, 60 Holzfäller und Köhler, 30 Transportarbeiter und 20 Arbeiter an den Schmelzöfen waren in einem Kupferbergwerk wie Mitterberg beschäftigt.

*Wie kunstvoll ein Bronzegießer um 600 v. Chr. gearbeitet hat, zeigt dieser Kultwagen. Für jede der zierlichen Figuren — die größte ist 23 cm hoch — mußte er zunächst eine Tonform herstellen! Der Wagen wurde in Österreich gefunden. Bis heute weiß man nicht, was die Menschen- und Tierfiguren bedeuten. Wahrscheinlich hatten sie etwas mit der Religion der Menschen zu tun.*

## Der Fortschritt: Geräte aus Bronze und Eisen

Um Werkzeug herzustellen, ist Kupfer zu weich. Doch die Menschen hatten herausgefunden, daß eine Mischung aus neun Teilen Kupfer und einem Teil *Zinn* einen härteren Werkstoff ergibt, die *Bronze*. Die *Bronzegießer* schmolzen in ihren Holzkohleöfen zunächst das Kupfer in Schmelztiegeln aus feuerfestem Ton und setzten dann das Zinn bei. War das Metall flüssig genug, nahmen sie den Tiegel mit Zangen aus der Glut und gossen die Bronze in die vorbereiteten Gußformen aus Ton. Die verschiedensten Gegenstände entstanden aus dem neuen Material: Arbeitsgeräte wie Sicheln, Messer, Äxte, aber auch Speerspitzen, Dolche, Schwerter, ja sogar Helme und Brustpanzer (siehe die Abbildung auf S. 9 unten). Besondere Kunstwerke waren Hals- und Armringe, Gürtelspangen und Schalen.

Zinnerz gab es seltener als Kupfererz. Aus diesem Grund blühte das Bronzehandwerk zunächst in den Ländern auf, wo beide Erze nebeneinander vorkamen: im Vorderen Orient, im heutigen Spanien, England und Irland. Bronzegeräte aus diesen Ländern waren überall begehrt. Bald ging man deswegen in Gegenden des Kupferbergbaus dazu über, das *Zinn aus fernen Gegenden heranzuschaffen*, um selbst an Ort und Stelle Bronze herstellen zu können.

Als die Menschen später lernten, auch *Eisen* aus Erz zu gewinnen und zu schmelzen, ging das Bronzehandwerk zurück. Das aus dem Erz gewonnene Roheisen konnte nicht einfach gegossen werden wie Bronze. Der Eisenschmied mußte es hämmern und immer wieder in die Glut legen, so lange, bis alle Schlacken verbrannt oder herausgeschlagen waren. Erst dann konnte er ein Werkzeug daraus schmieden. Eisen ist noch härter als Bronze. Die neuen Werkzeuge waren deshalb noch besser als die alten aus Bronze.

## Viele Berufe — arm und reich

Bevor das Metall entdeckt war, hatten fast alle Menschen von Ackerbau und Viehzucht gelebt und ihre Nahrungsmittel selbst erwirtschaftet. Die Dorfbewohner halfen zusammen, und was sie brauchten, stellten sie eigenhändig her. Große Unterschiede zwischen arm und reich bestanden damals noch nicht.

In der Metallzeit entstanden viele *neue Berufe*. Es gab jetzt Menschengruppen, die sich gegenseitig versorgten: Die Bauern hatten in der Landwirtschaft dazugelernt und verfügten über neue, bessere Geräte und Werkzeuge. So konnten sie mehr Nahrungsmittel erwirtschaften als sie selber benötigten. *Bergleute*, *Handwerker* und *Händler* konnten von diesem Überschuß leben. Sie förderten Metall, stellten Schmuck, Waffen, Werkzeuge und andere Gebrauchsgegenstände her und handelten damit.

Bald wurden die *Unterschiede* unter den Menschen größer. Der Besitzer von einem Kupferbergwerk zum Beispiel wurde reich, doch die Arbeiter hatten von diesem Reichtum nichts. Auch der Handel mit dem wertvollen Kupfer und Zinn brachte hohen Gewinn. Mächtige *Herren* übten die Kontrolle über Bergwerke und Handelswege aus. Sie hatten großen Einfluß. In ihren Diensten standen gut bewaffnete *Krieger*, Bauern und Handwerker mußten für sie arbeiten.

*1. Berichte über die Arbeit in einem Kupferbergwerk.*
*2. Steinwerkzeuge — Bronzewerkzeuge — Eisenwerkzeuge: Beschreibe die Vorteile, die diese Entwicklung für die Menschen brachte.*
*3. Welche Auswirkungen hatte der Gebrauch des Metalls auf das Zusammenleben der Menschen?*

# Die Kelten

## Ein großes und mächtiges Volk

Meister in der Metallverarbeitung waren die *Kelten*. Seit etwa 600 v. Chr. besiedelten sie weite Teile *Europas*. Woher die verschiedenen Volksstämme der Kelten kamen, weiß man nicht genau, wahrscheinlich war ihre Urheimat nördlich der Alpen. Sie ließen sich im heutigen Spanien, Italien und Frankreich nieder und setzten mit ihren Schiffen nach England über. Einige von ihnen kamen bis ins Gebiet der heutigen Türkei.

Die Stämme der Kelten waren meist sehr kriegerisch. Sie hatten *Streitwagen* erfunden, um deren Räder die Schmiede glühend heiße Metallreifen zogen. Mit diesen stabilen, schnellen, von zwei Pferden gezogenen Streitwagen fuhren sie mitten ins Kampfgetümmel, sprangen ab und kämpften.

## Eine befestigte Keltenstadt in unserer Heimat

Um sich zu schützen, errichteten die Kelten um ihre Siedlungen gewaltige Mauern. In Manching bei Ingolstadt wurde eine ihrer größten Siedlungen gefunden. Wie die anderen Festungen auch, war die *Keltenstadt von Manching* von einer drei Meter dicken Mauer umgeben. Noch heute zeugt ein hoher Wall von ihr.

Um die *Befestigungsmauern* zu bauen, errichteten die Kelten zuerst ein Balkengerüst; dann füllten sie die Zwischenräume mit Schotter auf, und schließlich umgaben sie die Außenseite mit einer Steinmauer. Die Steine dafür schafften sie aus 30 Kilometer Entfernung heran. Die Rampe, die sie auf der Innenseite der Mauer aufgeschüttet hatten, machte es den Manchinger Kelten leicht, sich zu verteidigen. Reiter konnten von innen her bis zur Mauerbrüstung gelangen. Wer da von außen angreifen wollte, hatte wenig Chancen. Der Befestigungsring war sieben Kilometer lang. Wollte man allein die Nägel transportieren, die das Balkengerüst zusammenhielten, bräuchte man mehrere Lastwagenfuhren.

Nicht nur in ihrer Größe glich die Siedlung einer Stadt. Geradlinige, breite *Straßen* verbanden die Lagerhallen, Scheunen und Häuser der vielen *Handwerker:* der Schmiede, Töpfer, Festungsbaumeister, Schreiner und Zimmerleute, Schuhmacher, Wagner, Glasmacher, Gerber, Küfer und anderer. Selbst eine *Münzstätte* besaßen die Bewohner von Manching. Davon zeugen Tonplatten, in deren Vertiefungen die kleinen Gold- und Silbermünzen gegossen wurden. Außerdem fand man eine Geldbörse aus Bronze, die sechs Goldmünzen enthielt.

## Fürstengräber und Viereckschanzen

Einige Fürsten der Kelten waren Herren über *Salzbergwerke* oder besaßen große *Kupfer- und Eisenvorkommen*. Sie wurden reich und mächtig. Sie konnten sich die besten Rüstungen, Eisenwaffen, Prunkgegenstände und den schönsten Schmuck herstellen lassen. Mit dem Süden betrieben sie regen Handel und kauften dort zum Beispiel Wein. In der Nähe ihrer Herrschersitze entstanden Kunstwerkstätten, Handels- und Zollstationen.

Die *Heuneburg* an der oberen Donau bei Riedlingen war so ein Fürstensitz. Auch in *Hallein* bei Salzburg lebten reiche

*Rekonstruktion des Osttors der Keltenstadt von Manching. Die gepflasterten Durchfahrten boten dem Verkehr in beiden Richtungen Platz.*

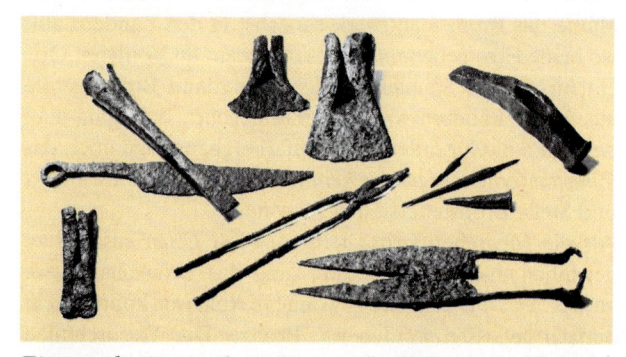

*Eisenwerkzeuge und -geräte aus der Keltenstadt. Viele der Formen benutzen Handwerker noch heute.*

*Abbildung oben: In Niederösterreich fand man ein keltisches Bronzegefäß mit diesen Verzierungen.*

*Rekonstruktion der Grabkammer des „Keltenfürsten von Hochdorf"*
*Dieses Grab in der Nähe von Ludwigsburg wurde 1978 entdeckt und war — anders als alle bisher bekannten Fürstengräber — nicht von Metalldieben ausgeraubt worden. So konnte der wie ein Festsaal ausgestattete Raum mit all seinen Schätzen freigelegt werden: Der Wagen im Vordergrund ist beladen mit Bronzegeschirr für eine ganze Tafelrunde. Links an der Wand Trinkhörner. Rechts ein großer Bronzekessel, der mit Met gefüllt war. Der Fürst ruht auf einer Bank aus Bronze. Diese wurde von 8 zierlichen Frauenfiguren getragen (Abb. rechts) und konnte gerollt werden. An der Rücklehne der Bank ein Köcher mit Pfeilen. Der Fürst trug Hals- und Armschmuck aus Gold (Abb. links) und goldene Gürtel- und Schuhbeschläge.*

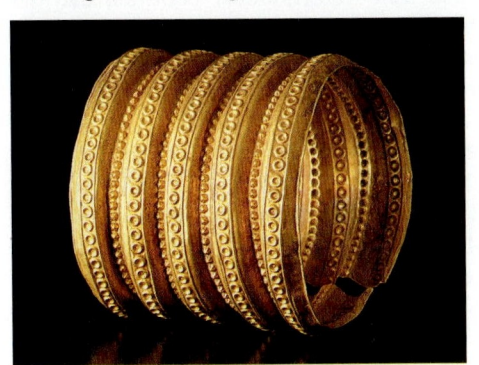

keltische Herren, Besitzer eines Salzbergwerks. An diesen und noch verschiedenen anderen Orten hat man besonders *reich ausgestattete Gräber* entdeckt. Die Kelten bestatteten zu jener Zeit ihre Toten in hölzernen Grabkammern, über die ein Hügel aus Steinen und Erde geschichtet wurde. Die *Fürstengräber* hatten meist einen besonderen Platz; mit dem Erdhügel waren sie um die 10 Meter hoch. Die vornehmen Männer und Frauen bekamen wertvollen Schmuck mit ins Grab: verzierte Fibeln (Anstecknadeln), breite Leder- oder Bronzegürtel. Haarnetze aus Bronze- oder Goldringen fanden sich in den Frauengräbern, in Männergräbern Wurflanzen, Streitbeile, Schwerter, ja sogar ein ganzer Wagen. Die Kelten gaben ihren Toten auch Mahlzeiten mit auf den Weg ins Jenseits: oft ein Fleischstück, manchmal auch einen richtigen Braten. Dazu erhielten die Toten ein Eisenmesser zum Zerteilen sowie Fruchtsäfte und Wein in Flaschen.
Andere Spuren der Kelten in unserer Heimat sind die sogenannten *Viereckschanzen*. In großer Zahl findet man überall in Bayern heute noch Reste von ihnen. Es waren fast quadratische von einem Graben umgebene Wallanlagen. Lange Zeit rätselte man über ihre Bedeutung. Heute weiß man aus Ausgrabungen, daß es religiöse Opferstätten der Kelten waren.
Als die mächtigen Römer ihr Reich immer weiter nach Norden ausdehnten, ging die Kultur der Kelten auf dem europäischen Festland unter.

1. *In welchen Ländern siedelten die Kelten?*
2. *Beschreibe eine Keltenstadt.*
3. *Finde heraus, ob es in der Umgebung deines Heimatortes Viereckschanzen gibt.*
4. *Vergleiche die Grabkammer des „Keltenfürsten von Hochdorf" mit dem Grab auf S. 15. Was kannst du über die Ausstattung sagen, und wie erklärst du die Unterschiede?*

# Wenn du mehr erfahren und wissen willst

Dieses Geschichtsbuch muß in deine Schultasche passen, und andere Bücher ebenso. Schließlich soll euch der Spaß am Lesen nicht dadurch vergehen, daß ihr dicke Bücher mit euch herumschleppt. Auf der anderen Seite gibt es so viele interessante und spannende Dinge, von denen wenig oder gar nichts in diesem Buch stehen kann. Doch es gibt eine andere Möglichkeit: Ihr schaut euch selber in Büchereien um und sucht euch zu dem etwas heraus, was euch interessiert. Und damit ihr es dabei leichter habt, wollen wir euch am Schluß jeweils einige Anregungen zum Weiterlesen geben.

Unser Kapitel über die Stein- und Metallzeit begann mit der Entdeckungsgeschichte der Höhlenbilder von Altamira. Wer darüber mehr erfahren und auch andere Höhlen kennenlernen will, muß unbedingt lesen:
○ **Die Höhlen der großen Jäger** von **Hans Baumann**, Thienemanns Verlag. Der Autor hat die Höhlen selbst besucht und schildert spannend das Leben der Jäger. Sein Buch wurde in 17 Sprachen übersetzt, viele tausend Kinder und Jugendliche hat es begeistert.

○ **Verblüffende Rekorde der Urmenschen** von **Dieter Conrads**, Schneider Verlag. Dieses Buch, eine Art Lexikon, wird diejenigen unter euch interessieren, die kurz und bündig Antworten auf Fragen wie diese haben wollen: Stammen wir vom Affen ab? Waren die Pekingmenschen Menschenfresser? Hatten die Neandertaler Zahnweh? Liebten die Steinzeitmenschen Musik?

Über die Vorgeschichte als Ganzes — von den Vorfahren der Menschen bis hin zu den Meistern der Metallverarbeitung informiert das Buch:
○ **Menschen der Vorzeit** von **T. McGowen**, Calsen Verlag.

Zum Schluß ein Buch, das ebenfalls von der ganzen langen Zeit der Vorgeschichte handelt — auf eine besondere Art:
○ **Die Höhlenkinder** von **A. Th. Sonnleitner**, Franksche Verlagshandlung, Stuttgart. Stellt euch vor, ihr wäret auf einer einsamen Insel gestrandet und müßtet dort überleben... So ähnlich ging es den „Höhlenkindern" Peter und Eva. Sie verlieren ihre Großeltern auf der Flucht durch eine enge, gefährliche Klamm und kommen in ein Tal, das noch nie von Menschen bewohnt war. Wie die „ersten Menschen" wohnen sie in einer Höhle, sammeln Früchte und Wurzeln, jagen mit ganz primitiven Waffen. Aber Schritt für Schritt, wie unsere Vorfahren, erfinden sie immer mehr; sie bauen schließlich ein Haus und gießen sogar Bronze...
Das Buch ist sehr dick, aber so spannend und interessant, daß man gar nicht aufhören mag zu lesen.

**Begegnungen mit „Steinzeitmenschen" in unserer Zeit**
Nicht nur aus Büchern, die speziell von der Vorgeschichte handeln, kannst du etwas über die Lebensweise der Menschen damals erfahren.
In unserer heutigen Zeit gibt es an verschiedenen Orten der Welt noch Menschen, die als Ackerbauern den Boden mit Grabstöcken und Holzpflügen bearbeiten, die als Nomaden mit ihren Viehherden von Weideplatz zu Weideplatz ziehen oder sich als Jäger und Sammler ihre Nahrung beschaffen. Die meisten leben an Rändern der Wüsten, in tropischen Urwäldern oder in entlegenen Kältegebieten.
Der Mann auf dem Bild unten zum Beispiel gehört zu einem Sammler- und Jägervolk aus der Kalahari-Wüste im Süden Afrikas. Er trägt seine Jagdwaffe bei sich: einen Holzpfeil, an dessen Spitze ein scharfer Steinsplitter befestigt ist. Während er auf der Jagd nach Vögeln, Nagetieren und Antilopen Fleisch für die Gruppe besorgt, sammeln die Frauen Pflanzen und Früchte. Ein Völkerkundler berichtet, daß die Frauen innerhalb von zwei Stunden die Nahrung für einen ganzen Tag sammeln. Wo er nichts Eßbares entdecken konnte, gruben sie mit ihrem Grabstock tief in der Erde Knollen aus.
Über steinzeitlich lebende Menschen heute gibt es Filme, und wenn du darauf achtest, kannst du hin und wieder im Fernsehen oder in Zeitungen etwas über sie erfahren. Werden solche Menschen entdeckt, kommen sie mit unserer, ihnen ganz fremden Lebensweise in Berührung. Vielleicht kannst du dir vorstellen, wie schwierig das für sie sein muß.

# Im alten Ägypten

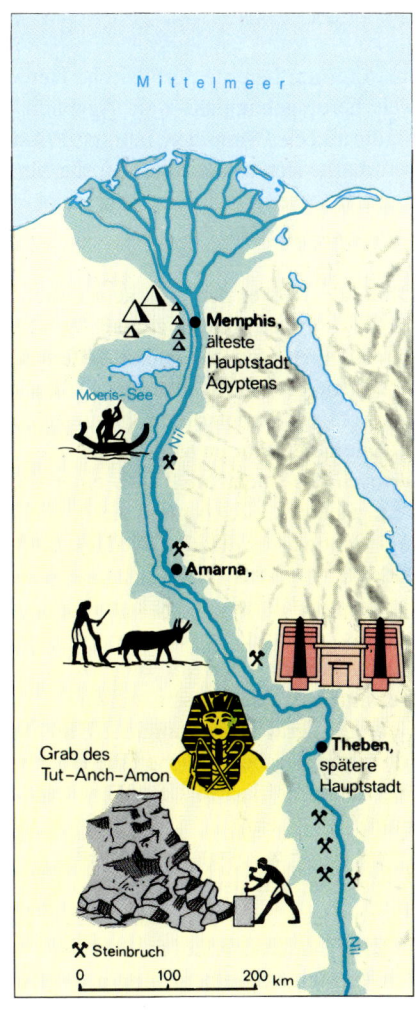

Die Pyramiden — sicher hast du schon von jenen gewaltigen Steinbauwerken gehört, vielleicht hast du sie auch schon im Fernsehen gesehen. Mächtige Könige haben sie vor 4500 Jahren erbauen lassen. Noch heute stehen Touristen staunend vor der Größe dieser Bauten. Die Menschen sind winzig gegenüber den bis zu 150 m hohen Pyramiden.
Denken wir an die Leistung der alten Ägypter. Kein Kran, kein Betonmischer, kein Bagger oder Lastwagen stand an der Baustelle. Dafür arbeitete beinahe das ganze Volk mit bloßen Händen, mit Muskelkraft.

Ägypten ist das *Land der Pyramiden*. Du findest es auf einer Weltkarte im Nordosten Afrikas. Durch dieses Land fließt der längste Strom der Welt, der Nil. Ihm verdanken die Menschen in Ägypten viel.
Welche Bedeutung hat dieser Fluß? Wie lebten und arbeiteten die Menschen? Wie errichteten sie die Pyramiden? Wem gehörte die Pyramide? Wozu diente sie?
Eine Menge Fragen. Wir wollen nicht zu viel verraten. Wenn du aufmerksam die nächsten Seiten liest, erfährst du mehr über die interessante Geschichte Ägyptens.

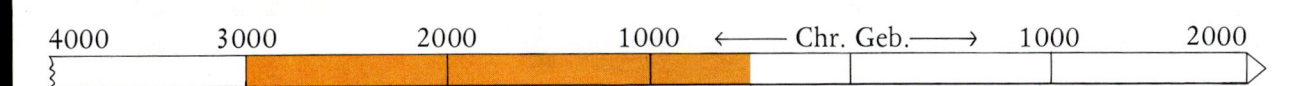

| 4000 | 3000 | 2000 | 1000 | ← Chr. Geb. → | 1000 | 2000 |

## Im Stromtal des Nils entsteht der Staat der Pharaonen

# Ägypten — das Geschenk des Nils

Im Altertum bereiste der Grieche Herodot, ein Mann, der weit herumgekommen war, Ägypten. Er besichtigte die Städte und die Pyramiden, befragte Priester und Beamte und verschaffte sich so ein Bild über die Verhältnisse in diesem Land. In seinem Buch über Ägypten bezeichnete er es als ein *„Geschenk des Nils."*

**Ohne die Wasser den Nils kein Leben!**
Ein Blick auf das Bild zeigt, daß Ägypten lediglich in einem schmalen Streifen zu beiden Seiten des Nils fruchtbares Ackerland besitzt. An manchen Stellen ist diese grüne Oase nur wenige Kilometer breit, in günstigen Lagen aber bis zu 20 Kilometer. Nur im Mündungsgebiet, dem Delta verbreitert sich das fruchtbare Tal zu einer weiten Ebene. Hinter dem grünen Streifen beginnt die ausgedehnte, leblose Stein- und Sandwüste, die den weitaus größten Teil Ägyptens bedeckt.

In Ägypten fällt so gut wie kein Regen. Der Nil allein ist es, der das Land mit Wasser versorgt. Im Frühjahr beginnt am Quellgebiet des Nils im Inneren Afrikas die Regenzeit. Gewaltige Wassermassen stürzen aus den afrikanischen Gebirgen herab und sammeln sich im Fluß. In den Monaten Juli bis September erreichen die Hochwasser Ägypten und überfluten die flachen Ufer. Die *Nilüberschwemmung* beginnt.

Dies war für die alten Ägypter jedes Jahr eine sehr aufregende Zeit. An der Südgrenze des Landes beobachteten Beamte des Königs das Anwachsen des Stromes. Jede Veränderung am Wasserlauf mußten sie in die Hauptstadt melden. Im Memphis selber wurde an den Nilpegeln der Wasserstand gemessen. Das Anschwellen der Wasserhöhe wurde mit Begeisterung aufgenommen. Die Bewohner jubelten und zogen durch die Stadt. Jede Stunde wurde der neueste Stand durch Ausruf bekanntgegeben. Der Nil, der „Vater des Landes" war das Stadtgespräch.

Ungefähr hundert Tage dauerte es, bis die Wasser wieder abflossen. Auf den Feldern war *fruchtbarer schwarzer Schlamm* zurückgeblieben. Nun konnten die Bauern mit der Aussaat des Getreides beginnen.

> **Q** Herodot erzählt, wie mühelos und leicht die ägyptischen Bauern ihre Felder bestellen konnten.
> „Es gibt kein Volk auf der Erde, auch keinen Landstrich in Ägypten, wo die Früchte des Bodens so mühelos gewonnen werden wie hier. Sie haben nicht nötig, mit dem Pfluge Furchen in den Boden zu ziehen, ihn umzugraben und die anderen Feldarbeiten zu machen. Sie warten einfach ab, bis der Fluß kommt, die Äcker bewässert und wieder abfließt. Dann besät jeder sein Feld und treibt die Schweine darauf, um die Saat einzustampfen, wartet ruhig die Erntezeit ab, drischt das Korn mit Hilfe der Schweine aus und speichert es auf." (1)

**Der Nil stellt den Ägyptern Aufgaben**
Ägypten galt für die Nachbarvölker als ein Land, in dem es immer genug zu essen gab. Das Niltal war ein fruchtbarer Garten inmitten der Wüste. Viele flohen vor dem Hunger und siedelten sich dort an. So *wuchs die Bevölkerung* im engen Niltal stetig an. Es bestand die Gefahr, die Felder für die vielen Menschen nicht ausreichten.

*Die Flußoase des Nils. Das Bild hat sich seit der Zeit der Pharaonen kaum gewandelt.*

○ *Betrachte das Bild und erkläre den Begriff Oase.*

*Schöpfrad in Ägypten. In manchen Gegenden sind solche Schöpfräder heute noch in Gebrauch.*

*Der Wasserstand des Nils im Jahresablauf.*

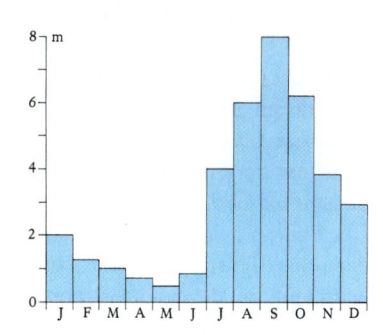

Die Ägypter waren aber auch vielen Unsicherheiten ausgesetzt: War die Flut zu stark, riß die Strömung alles mit sich. Waren die Niederschläge der Regenzeit gering, konnten nicht alle Felder überschwemmt und bewässert werden. Beides bedeutete eine *Hungerkatastrophe* für die Bevölkerung. Um zu überleben, mußten die Ägypter diesen Unsicherheiten der Natur abhelfen.

Das war eine schwierige Aufgabe, und die Ägypter brachten dabei *hohe technische Leistungen* zustande: Mit Dämmen und Deichen schützten sie ihre Felder und Siedlungen gegen das verheerende Hochwasser. Sie legten Kanäle an, in denen das Hochwasser in die Felder geleitet wurde. Sie entwickelten Schöpfwerke, die in der Lage waren, Wasser auf die höher gelegenen und weiter entfernten Flächen zu pumpen. Damit ließen sich die Ackerflächen vergrößern. Stauseen wurden angelegt, diese sollten in Jahren mit schwacher Überschwemmung oder Trockenheit die Felder mit dem kostbaren Wasser versorgen. Außerdem gelang es mit Hilfe dieser Bewässerungsanlagen, die Felder zweimal, in manchen Jahren sogar dreimal anzubauen und abzuernten.

Weise Ägypter beobachteten den Stand der Sonne und der Sterne und entdeckten, daß die Überschwemmungen immer zur gleichen Zeit, in regelmäßigen Abständen wiederkehren. Sie erkannten den Zusammenhang zwischen den Hochwassern und dem Stand der Sonne und legten einen *Kalender* an. Danach teilten sie das Jahr in zwölf Monate und 365 Tage ein. Dreitausend Jahre später übernahmen die Römer für ihre Jahreseinteilung den ägyptischen Sonnenkalender. Im wesentlichen gilt er heute noch.

Wenn nach der Überschwemmung das Wasser des Nils zurückgegangen war, waren die Grenzen der Äcker unter dem Schlamm verschwunden und für die Bauern nicht mehr sichtbar. Es war deshalb notwendig, die Felder nach jeder Überschwemmung von neuem gerecht zu verteilen. Ägyptische Wissenschaftler entwickelten die *Kunst der Landvermessung, die Geometrie.*

### Die Ägypter erfinden eine Schrift

Bei den Ägyptern hatte sich im Laufe der Jahrhunderte durch tägliche Erfahrung ein großes Wissen über die Erscheinungen der Natur, über den Ackerbau, über die Baukunst, die Mathematik und viele andere Gebiete angesammelt. Doch wie solte dieses Wissen erhalten und weitergegeben werden? Dazu braucht man eine Schrift.

Die Ägypter begannen schon vor 5000 Jahren selbst Schriftzeichen zu erfinden. Ihre Schrift bestand aus einigen tausend Zeichen. Für einen Schreibschüler dauerte es Jahre, bis er das Lesen und Schreiben erlernt hatte. Wer es aber beherrschte, gehörte in Ägypten zum angesehenen Berufsstand der *Schreiber*. Es ist klar, daß nur wenige Ägypter diese schwierige Schrift lesen konnten. Auch die Griechen konnten sie später nicht entziffern. Sie nannten sie *Hieroglyphen*, d. h. heilige Zeichen.

Die Schriftzeichen mußten anfangs mühsam auf Stein- oder Tontafeln eingeritzt werden. Dann gelang es den Ägyptern, aus der Papyrusstaude Papier herzustellen. Sie schnitten die Halme der Staude in Streifen, legten sie kreuzweise übereinander und preßten und rollten sie solange, bis festes Papier daraus entstand. Das *Papyrus* aus Ägypten wurde später jahrtausendelang zum beliebten Schreibpapier in den Mittelmeerländern.

*Ägyptische Hieroglyphen. In den beiden Umrandungen, sogenannten Kartuschen, sind zwei Königsnamen in ägyptichen Schriftzeichen aufgeschrieben: links Ptolmis, rechts Kleopatra.*

○ *Vergleiche beide. Du kannst Schriftzeichhen entdecken, die in beiden Namen vorkommen. Welche Laute drücken sie aus?*

---

*1. Warum kann man Ägypten als ein Geschenk des Nils bezeichnen?*
*2. Die Ägypter erbrachten hohe technische und wissenschaftliche Leistungen. Berichte.*

# Der Pharao — Gott und Alleinherrscher

**Große gemeinsame Arbeiten — wer leitet sie?**

Die Menschen in Ägypten waren abhängig vom Nil. Die Aufgaben, die der Fluß den Ägyptern stellte, ließen sich von einzelnen Bauern nicht bewältigen. Es waren Aufgaben, bei deren Lösung viele zusammenhelfen mußten. Selbst die Dorfgemeinschaft war noch zu klein für die großen *Gemeinschaftswerke*. Um ein Kanalnetz z. B. in den Feldern anzulegen, mußten sich viele Dörfer zusammenschließen. Techniker, die die Menschen zur Arbeit anleiteten, mußten geholt werden, Aufseher wurden bestimmt, die die Arbeiten kontrollierten. Noch mehr Helfer waren etwa notwendig, wenn ein Damm errichtet wurde oder ein Stausee angelegt werden mußte.

Die *Planung* so riesiger Bauwerke erforderte sehr viel Geschick und einen großen Überblick. Wo ist der geeignete Platz? Wann wird gebaut? Welches Baumaterial soll benutzt werden? Wie können die vielen Arbeiter über Monate hinweg untergebracht und mit Nahrung versorgt werden? Alle diese Fragen verlangten eine klare Antwort und eine umfassende *Organisation*. Die *Gaufürsten*, mächtige Herren über einen größeren Bezirk, hatten dabei die verantwortliche Leitung.

Um sich wirkungsvoller gegen Feinde wehren zu können, schlossen sich die Gaufürsten zusammen. Das wohlhabende Land inmitten der Wüste benötigte zu seinem Schutz ein starkes *Heer*. Der mächtigste Fürst in Ägypten nahm sich dieser Aufgabe an. Dadurch wurde er zum Herrn über die übrigen Gaufürsten und über das ganze Land und seine Bewohner. Man nannte ihn *Pharao*.

**Der Pharao — Herr über Ägypten**

Der Name Pharao bedeutet in der Übersetzung „Großes Haus" oder „Palast". In diesem Titel drückt sich die Ehrfurcht der Ägypter vor ihrem Herrscher aus. Der Pharao war ein *Alleinherrscher*, dem ganz Ägypten zu eigen war. Ihm *gehörte* das *Land*, aber auch die *Menschen* und Tiere, die darin lebten. Alle *für das Land wichtige Entscheidungen* wurden vom Pharao selber getroffen. Erst auf seine Anordnung hin durften die Kanäle geöffnet werden und die Bauern mit der Aussaat des Getreides beginnen. Wenn es dann eine gute Ernte gab, war es den Ägyptern klar: Die hatte der milde und weise Pharao bewirkt.

Die *Untertanen* zeigten sich dafür dankbar. Sie arbeiteten bereitwillig für ihn. In den Monaten, in denen auf den Feldern wenig zu tun war, ordnete der Pharao die Arbeit auf den königlichen Baustellen an. Tausende von Bauern taten dort *schwerste Arbeit*. Sie wurden in dieser Zeit aus den Getreidespeichern des Pharao verpflegt. Dafür mußten sie ihm hohe *Steuern und Abgaben* leisten.

Der Pharao mußte der Bevölkerung den *Frieden erhalten*, damit die Menschen in Ruhe leben und ihrer Arbeit nachgehen konnten. Mit einem starken Heer schützte er das Land vor feindlichen Angriffen. Mit den Nachbarvölkern schloß er *Verträge* und *Handelsabkommen*. Die eleganten Schiffe des Pharao mit ihrer kostbaren Fracht an feinem Segeltuch, Papyrus und kunstfertiger Handwerksarbeit beherrschten den Handel im Mittelmeerraum.

Die Herrschaft der Pharaonen begann um 3 000 v. Chr. und dauerte etwa 2 500 Jahre. Die meisten Pharaonen in Ägyp-

*Das Steinrelief zeigt Gesandte eines fremden Volkes vor dem Herrscher Ägyptens. „Siebenmal warfen sie sich vor ihm auf den Bauch und siebenmal auf den Rücken."*

○ *Was sagt diese Begrüßung über die Stellung des Pharao in Ägypten und bei den benachbarten Völkern?*

ten regierten über ihr Volk gerecht und großmütig. Aber in der 3000jährigen Geschichte der Ägypter gab es auch immer wieder Herrscher, die ihre Macht mißbrauchten und ihr Volk unterdrückten. Der König Cheops z. B. habe, so erzählt der griechische Geschichtsschreiber Herodot, „das Volk zu jeder Schlechtigkeit getrieben und durch hohe Abgaben gequält". Thutmosis, ein anderer Pharao, führte lange Kriege, eroberte fremde Länder und unterwarf deren Bevölkerung.

Gegen ungerechte Herrscher gab es für das Volk keine Möglichkeit, sich zu wehren. Vor den Leuten aus seiner Umgebung aber, vor dem Gefolge, mußte der Pharao ständig auf der Hut sein. Gelegentlich versuchten Fürsten, einfache Diener oder die Wache ein Attentat, um ihn zu beseitigen.

### Der Pharao — den Göttern gleich

Im alten Ägypten gab es eine Vielzahl von Göttern. Für jeden Lebensbereich war eine eigene Gottheit zuständig. *Amun* wurde als oberster Gott und als König der Götter verehrt. Als Gott der Schöpfung und der Sonne galt *Re*.

Auch der König hatte einen Schutzgott. Es war *Horus,* d. h. übersetzt: der Ferne. Horus besaß im regierenden Pharao menschliche Gestalt. Auf diese Weise nahm der Pharao selbst den Rang eines Gottes ein. Und er war für seine Untertanen unerreichbar. Seine Befehle und Entscheidungen waren der Wille der Götter.

Die Aufgabe des *Gottkönigs* seinem Volk gegenüber war es, die Götter gnädig zu stimmen. Dies erreichte er durch den Bau von herrlichen Tempeln, durch den Gottesdienst und durch Opfergaben.

Im ganzen Land ließen die Pharaonen gewaltige *Tempelanlagen* für die Götter errichten. Ein Tempel besaß verschiedene Innenhöfe und Hallen, durch die man in den innersten Bereich gelangte, in das Heiligtum, wo das Götterbild stand. Nur der Pharao oder die Hohenpriester durften dort die heiligen Handlungen vollziehen. Mit Gesängen, Tänzen und Speiseopfern huldigten sie der Gottheit. An besonderen Festen wurde die verhüllte Götterstatue in einem Umzug durch die Straßen getragen, und das Volk erwies dem Gott die Ehre durch Lobgesänge und Tänze.

Wenn der König auf seinem Thron saß, angetan mit den Zeichen der königlichen Gewalt, dann war für den Ägypter die Gottheit in Menschgestalt gegenwärtig. Wer vom Pharao mit dem *Krummstab* berührt wurde, war dem Tode geweiht. Mit diesem beschwor er aber auch die Felder, damit sie eine reiche Ernte bringen. Die *Geißel* in seiner anderen Hand wurde als Zeichen der strengen Gerechtigkeit des Herrschers angesehen. Beim Anblick des Pharao habe er die Besinnung verloren, berichtete ein hoher Würdenträger, obwohl ihn „dieser Gott freundlich begrüßte".

1. *Was bedeutet der Name Pharao?*
2. *Der Pharao war Herrscher und Priester. Welche Aufgaben übernahm er für sein Volk?*
3. *Wie war das Verhältnis des Pharao zu seinen Untertanen?*

*Die Goldmaske des Tutanchamun zeigt den jung verstorbenen Pharao mit den Abzeichen der Herrschergewalt: Krummstab und Geißel, auf dem Kopf das goldblau gestreifte Tuch, das häufig an Stelle der Krone getragen wurde. Im Lesetext erfährst du etwas über ihre Bedeutung.*

*Der Felsentempel von Abu Simbel. Bis 60 m tief in den Felsen reicht die Tempelanlage mit ihren Räumen und Hallen. Im innersten Bereich stehen drei Götterstatuen und eine Statue des Pharao Ramses. Der Tempel ist so angelegt, daß zweimal im Jahr, am 21. Februar und am 19. Oktober, die Strahlen der aufgehenden Sonne bis ins innerste Heiligtum dringen können und die Götterfiguren beleuchten. Es ist das „Sonnenwunder von Abu Simbel". Die vier 20 m hohen Sitzfiguren auf dem Bild zeigen viermal den Erbauer des Tempels, den Pharao Ramses II.*

*In den Jahren 1964—1969 mußte der Tempel dem Assuan-Stausee weichen. Er wurde in einer beispiellosen Rettungsaktion 65 m höher wieder aufgebaut.*

# Leben unter der Herrschaft der Pharaonen

**Das einfache Volk — Bauern und Handwerker**
Die große Masse des Volkes lebte als *Bauern* im Niltal. Sie bestellten die fruchtbaren Äcker zu beiden Seiten des Flusses. Das Land selber gehörte dem Pharao, die Bauern waren seine Arbeiter, die seine Befehle zu befolgen hatten. Sklaverei war den Ägyptern zunächst unbekannt. Erst durch die Eroberungen in späterer Zeit kamen Kriegsgefangene als Sklaven ins Land.

Die Bauern lebten auf dem Lande sehr einfach, ihre Arbeit auf dem Felde war mühevoll und beschwerlich. Kaum hatte das Nilwasser die Felder freigegeben, hackten sie das Erdreich um. Wo es möglich war, zogen Ochsen einen Holzpflug durch den Schlamm. In den noch feuchten Boden streuten die Säer den Samen. Schaf- oder Schweineherden, die über das Feld getrieben wurden, trampelten das Saatgut in die Erde. Während das Getreide heranwuchs, mußten die Bauern ständig auf der Hut sein, daß nicht etwa Vögel, Heuschrecken oder Nilpferde in die Felder einfielen und die Halme wegfraßen.

Zur Erntezeit mähten die Bauern mit der Sichel den Weizen und trugen die Garben in Körben zum Dreschplatz. Dort traten Ochsengespanne die Körner aus den Ähren. Frauen warfen das Getreide in die Luft. Der Wind blies die Spreu weg und die Körner fielen zu Boden.

Neben dem Weizen wurde von den Bauern auch Gemüse wie Lauch, Bohnen, Zwiebeln und Gurken geerntet. In den Gärten wuchsen Weintrauben und Feigen.

Schon vor der Ernte waren Aufseher des Pharao in die Dörfer gekommen. Sie schrieben die Erträge auf und forderten die *Abgaben*. Mit riesigen Lastschiffen wurden sie auf dem Nil in die Hauptstadt transportiert. Die Bauern mußten von dem wenigen leben, das ihnen die Schreiber überließen. Wehe, wenn sie ihre Abgaben nicht leisten konnten oder heimlich etwas für sich zurückbehielten! Sie wurden mit Stockschlägen bestraft, manchmal verloren sie auch ihre Äcker.

In den Städten des alten Ägypten arbeiteten die *Handwerker*, die wegen ihrer *Geschicklichkeit und Kunstfertigkeit* berühmt waren. Sie statteten die reichen Familien mit allen denkbaren Luxusgegenständen aus.

Spinnerinnen und Weberinnen stellten feine Leinentücher her, aus denen die Schneider für die vornehmen Leute Gewänder fertigten. Schuhmacher nähten aus gegerbtem Leder Sandalen. Auf den Straßen der Städte übten Friseure ihr Geschäft aus. Kunstvoll geformte und verzierte Tonwaren entstanden in den Werkstätten der Töpfer. Tischler verarbeiteten Holz zu wertvollen Möbeln. Goldschmiede- und Bronzearbeiter fertigten kostbaren Schmuck an und arbeiteten für den Pharao an der Ausgestaltung des Palastes, eines Tempels oder einer Grabstätte. Waffenschmiede versorgten das Heer mit Streitäxten, Schwertern und Speerspitzen aus Bronze. Auf den Schiffswerften des Königs arbeiteten Hunderte von Zimmerleuten. Sie sägten Balken und Planken und fügten sie zum Schiffskörper zusammen.

*Das bäuerliche Jahr im alten Ägypten von der Aussaat bis zur Ernte.*

a) *Welche Tätigkeiten der Bauern kannst du erkennen?*
b) *Es sind auch Schreiber zu sehen. Aus welchem Grund kommen sie zu den Bauern?*

## Die gehobene Schicht — Schreiber und Beamte

Der Pharao war für das Volk der ferne König, der im Palast die wichtigsten Entscheidungen für das Land traf. Wer aber sorgte dafür, daß in dem Riesenreich die Anordnungen des Königs erfüllt wurden? Für diese Aufgabe hatte der König viele Beamte angestellt, die nach ihrer Tätigkeit auch „Schreiber" genannt wurden. Sorgfältig wurden sie in der Schreibschule auf ihren Beruf vorbereitet. Viele Jahre dauerte die Ausbildung in der schwierigen Hieroglyphenschrift. In der Schreibschule lernten sie auch, wie man Abrechnungen erstellt oder Verträge abschließt.

Die Schreiber waren die eigentlichen *Herren im Lande*. Sie führten die *Aufsicht* bei den königlichen Großbauten und trieben die Arbeiter an. Sie verteilten die Lebensmittel und rechneten die Löhne ab. In den Dörfern trieben sie die Abgaben und Steuern ein. Auch für *Ruhe und Ordnung* waren sie zuständig. Höhere Beamte schlichteten als *Richter* die Streitigkeiten und sprachen Strafen aus. Sie untersuchten Gesetzesübertretungen und ermittelten die Täter. Wenn der Pharao einen Krieg führte, zogen die Schreiber durch das Land und warben Soldaten an.

Als angesehene Diener des Königs lebten sie in hohem *Wohlstand*. Meist besaßen sie eine prächtige Villa mit zahlreicher Dienerschaft. Bei den Festen wurde musiziert, getanzt, erlesene Speisen und Getränke wurden gereicht. In ihrer Freizeit fuhren die Beamten mit Vorliebe auf dem Nil in ihren Booten auf die Jagd.

Es kam auch vor, daß die Beamten ihre Macht gegenüber den Arbeitern mißbrauchten. So wird von einem *Streik* vor ungefähr 3000 Jahren im Tal der Könige berichtet: Die *Arbeiter* legten die Arbeit an den Grabbauten nieder und verließen die Totenstadt, weil die Schreiber ihnen nicht genügend Verpflegung gaben. Sie beklagten sich: „Seit 18 Tagen hungern wir." Hohe Beamte kamen und beruhigten die Streikenden mit Versprechungen. Das Getreide jedoch blieb aus. Tage danach zogen sie deshalb erneut aus und besetzten einen Tempel. Sie forderten die Schreiber auf, dem Pharao, „unserem gnädigen Herrn", von der Not der Arbeiter zu berichten. Dies half, denn nun erhielten sie Lebensmittel und Kleidung. Einen Monat darauf kam es aber erneut zu einem Streik.

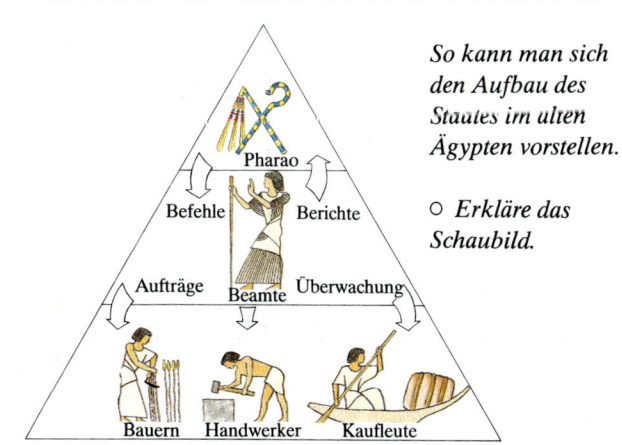

*So kann man sich den Aufbau des Staates im alten Ägypten vorstellen.*

○ *Erkläre das Schaubild.*

*Junges Paar. In der altägyptischen Kunst sehen wir in figürlichen Darstellungen die Frau als Partnerin des Mannes, sie ist ihm ebenbürtig und gleichberechtigt.*

## Mann und Frau — in Ägypten gleichberechtigt

Schon in der frühen Menschheitsgeschichte entwickelte sich zwischen Mann und Frau eine Aufgabenteilung. Während der Mann als Bauer auf dem Feld oder als Handwerker tätig war und sich um den Erwerb kümmerte, war der Lebensbereich der Frau das Haus. Sie bereitete das Essen, wachte über den Hausrat und zog die Kinder auf. Diese alltägliche Arbeit der Frau wurde bei den meisten alten Völkern geringer als die des Mannes eingeschätzt. Die Frau war deshalb häufig dem Manne untergeordnet, sie hatte nicht die gleichen Rechte.

Im alten Ägypten galt das nicht! Die Frau war die „*Herrin des Hauses*" und verwaltete das Familienvermögen. Nicht selten übten Frauen auch angesehene Berufe aus, zum Beispiel waren sie Beamtinnen oder Priesterinnen. Frauen besaßen selber Vermögen und sprachen mit, wenn es um wichtige Entscheidungen ging.

1. *Vergleiche den Bericht des Herodot über die Arbeit der Bauern auf Seite 28 mit den Feststellungen auf diesen Seiten.*
2. *Welche Handwerksberufe kannte man schon im alten Ägypten?*
3. *Die Beamten waren die eigentlichen Herren im Land. Erkläre diesen Satz.*

## Von der Religion der Ägypter

# Sorge für das Leben nach dem Tode

**Osiris und das Totenreich**

In der Religion der Ägypter wurde folgende Geschichte überliefert: In der Vorzeit herrschte in Ägypten der von der Himmelsgöttin abstammende Pharao *Osiris*. Dieser war wegen seiner Güte und Freundlichkeit beim Volke sehr beliebt. Sein Bruder Seth wurde deshalb von Neid und Mißgunst erfüllt. In seinem Haß faßte er den Plan, Osiris zu töten. Heimtückisch ermordete er ihn und zerstückelte seine Leiche. *Isis,* die Witwe des Ermordeten, sammelte die Teile und setzte sie wieder zusammen. Ihrer Liebe, ihren Gebeten und Totenklagen gelang es, ihren Gemahl wieder zum Leben zu erwecken. Osiris regiert seitdem nach der Vorstellung der Ägypter ein Land, in das die Menschen nach dem Tod gelangen. Er ist der *Herrscher des Totenreiches.*

Die Ägypter glaubten, daß das Leben mit dem Tod nicht zu Ende ist, sondern daß die guten Menschen im Jenseits weiterleben. Sie stellten sich vor, daß das Leben nach dem Tode dem *irdischen Leben in seinen angenehmen Seiten ähnlich* sei. Aus den Wandbildern in den Grabkammern reicher Ägypter kann man ersehen, was der Tote vom Leben im Totenreich zu erwarten hatte. Da sind Festgelage mit Tänzerinnen und Musikanten dargestellt, auch Szenen von der Jagd und aus dem ländlichen Leben. Es sind durchwegs farbenfrohe Bilder, die ein heiteres und sorgloses Dasein versprechen.

Den Verstorbenen sollte es auch im Jenseits an nichts fehlen. Reiche Ägypter gaben deshalb ihren Toten all das mit in die Grabkammer, was sie zu einem angenehmen Leben benötigten: Speisen und Getränke, Schmuck, Ruhebetten, prunkvolle Wagen, ja sogar die Dienerschaft in Form von kleinen geschnitzten Figuren. Selbst arme Bauern stellten bescheidene *Opfergaben* auf die Wüstengräber ihrer Angehörigen.

**Das Totengericht**

Nach dem Glauben der Ägypter mußte jeder Verstorbene, vom reichen Pharao bis zum ärmsten Sklaven, zuerst das *Totengericht* bestehen, bevor er in das Totenreich treten durfte. Er mußte Rechenschaft ablegen über sein abgelaufenes Leben.

Seine Seele wurde beim Gericht „gewogen" nach guten und bösen Taten: Der Totengott legte das Herz auf die eine Waagschale, auf die andere eine Feder. War das Herz leichter als die Feder, so galt es als rein und gut. Neben der Waage lauerte ein strafendes Ungeheuer, die Fresserin, um die bösen Seelen auf der Stelle zu verschlingen. Diese waren verurteilt zum „Zweiten Tod", sie waren endgültig verloren.

Die gerechten und wahrhaftigen Seelen führte der Totengott zu Osiris, dem Herrscher des Totenreiches. Sie waren bestimmt zu einem glücklichen Weiterleben.

Die Ägypter hatten Angst vor dem Totengericht. Sie wußten um ihre eigenen Fehler und waren sich unsicher, wie der Urteilsspruch ausfallen werde. Deshalb trafen sie schon vor ihrem Tod allerlei Vorkehrungen. Wer es sich leisten konnte, ließ sich bereits zu Lebzeiten sogenannte *Totenbücher* schreiben. In diesen wurde schriftlich versichert, daß der Tote in seinem Leben keine Verfehlung begangen habe. Man legte sie den Toten in den Sarg. Häufig gab man den Verstorbenen auch Schriftrollen mit, auf denen die Anredeformeln und die Antworten, die der Tote beim Totengericht zu sagen hatte, vorformuliert waren. Alle diese Maßnahmen hatten den Zweck, den Totengott wohlwollend zu stimmen.

**Q** In einem Totenbuch lesen wir:

„Ich habe nicht weh getan, ich habe nicht weinen gemacht. Ich habe nicht getötet und habe nicht zu töten befohlen. Ich habe keinem Menschen Leiden geschaffen.
Ich habe die Speise in den Tempeln nicht geschmälert.
Ich habe die Opferbrote der Götter nicht verringert.
Ich habe die Opferbrote der Toten nicht entwendet.
Ich habe nichts hinzugefügt noch vermindert am Kornmaß. Ich habe nichts vermindert am Ackermaß. Ich habe nichts hinzugefügt zu den Gewichten der Standwaage. Ich habe nichts verändert am Lot der Handwaage.
Ich habe den Diener nicht schlecht gemacht bei seinem Vorgesetzten.
Ich habe nicht die Milch vom Munde des Kindes weggenommen.
Ich habe keine Tiere mißhandelt. Ich habe das Vieh nicht seines Futters beraubt . . .
Ich habe getan, was die Menschen loben und womit die Götter zufrieden sind. Ich habe dem Hungernden Brot gegeben, dem Dürstenden Wasser und dem Nackten Kleider. Ich habe den Göttern Opfer gebracht und den Verstorbenen Totenopfer.
Rettet mich, schützt mich und zeugt nicht gegen mich vor dem großen Gott (Osiris). Mein Mund und meine Hände sind rein." (2)

○ *Du kannst aus dieser Quelle erkennen, was in Ägypten als gut und böse galt.*

*Das Bild entstammt einem Totenbuch und zeigt den Ablauf des Totengerichts: Der Totengott Anubis mit dem Hundekopf wiegt das Herz eines Verstorbenen, um festzustellen, welches Schicksal seine Seele verdient hat: glückliches Leben im Totenreich oder den Zweiten Tod. Rechts ein weiterer Totengott mit einem Vogelkopf, der das Ergebnis aufschreibt.*

### Die Mumie — Wohnung für die Seele

Bei der Öffnung ägyptischer Gräber fanden Forscher sonderbar eingewickelte, gut erhaltene Leichen. Sie nannten sie *Mumien*. Wie war es möglich, daß diese Toten Jahrtausende lang vor der Verwesung bewahrt blieben?

Für die Ägypter war es sehr wichtig, daß die *Körperhülle* erhalten blieb. In diese sollte nämlich die Seele zurückkehren und darin wohnen, wenn sie vor dem Totengericht zum ewigen Leben bestimmt war. Daher gingen sie mit den Leichen sehr sorgfältig um. Durch „Einbalsamieren" und „Mumifizieren" versuchten sie, den toten Körper vor der Verwesung zu bewahren. Ausgebildete *Einbalsamierer* entwickelten dabei eine sehr große Kunstfertigkeit.

Bei den wohlhabenden Ägyptern wurde das *Begräbnis* mit großem Aufwand begangen. Ein langer Trauerzug bewegte sich zur *Grabkammer*. Frauen und Klageweiber warfen zum Zeichen der Trauer Staub auf ihre Häupter. Vor der Grabkammer wurde von einem Priester feierlich die Zeremonie der *„Mundöffnung"* an der Mumie vollzogen. Es war eine symbolische Handlung dafür, daß nun der Tote wieder am Leben teilnehmen sollte. Danach trug man die Mumie in die Grabkammer hinein und legte sie in den schweren *Steinsarg*. Die eigentliche Grabstelle war durch eine Maueröffnung mit einem Vorraum verbunden. In diesen wurden die Gaben für den Verstorbenen aufgestellt.

Einbalsamierung und ein kostspieliges Begräbnis konnten sich freilich nur die Reichen leisten. Die armen Bauern und Sklaven behalfen sich damit, daß sie ihre Toten im *heißen Wüstensand* begruben. Dieser trocknete die Leichen aus und erhielt sie für lange Zeit.

> **Q** Der Grieche Herodot ließ sich in Ägypten von den Priestern berichten, wie die Einbalsamierung vor sich ging. Er schreibt:
> „Es gibt Leute, die dies als Beruf ausüben. Die vornehmste Art der Einbalsamierung ist folgende: Zuerst entfernen sie das Gehirn durch die Nase, zum Teil mit Hilfe einer auflösenden Flüssigkeit. Dann machen sie einen Schnitt in die Weiche und nehmen alle Eingeweide heraus. Nun legen sie die Leiche in Natronlauge, 70 Tage lang. Danach wird die Leiche gewaschen, der ganze Körper mit Binden aus Leinwand umwickelt und mit Harz bestrichen. Nun holen die Angehörigen die Leiche ab, machen einen hölzernen Sarg in Menschengestalt und legen die Leiche hinein." (3)

*1. Wie stellten sich die Ägypter das Leben nach dem Tode vor?*
*2. Warum fürchteten die Ägypter das Totengericht?*
*3. Warum haben die Ägypter ihre Toten einbalsamiert?*

# Pyramiden — Totenpaläste für die Pharaonen

**Vom Bau der Pyramiden**

Die Ägypter glaubten, daß der Verstorbene ein Haus oder wenigstens einen Raum besitzen müsse, wenn es ihm im Reich der Toten gut gehen solle. Sie sorgten sich deshalb schon zu Lebzeiten um eine passende Grabstätte. Der mächtigste Herr, der Pharao, wollte sich auch im Jenseits von seinen Untertanen deutlich abheben. So ließen sich die Pharaonen schon sehr früh für ihr Begräbnis prächtige Bauwerke errichten.

Um 2500 v. Chr., also vor 4500 Jahren, herrschte der mächtige König Cheops über Ägypten. Er ließ sich ein Grabmal in Form einer *Pyramide* bauen. Sie sollte alles bisherige an Größe und prachtvoller Ausstattung übertreffen. Die *Cheopspyramide* in der Nähe der alten Hauptstadt Memphis blieb über die Jahrtausende gut erhalten (siehe S. 27). Die Grundlinien messen 230 m, die Höhe beträgt 146 m. Zweieinhalb Millionen Steinblöcke, von denen jeder zweieinhalb Tonnen wog, mußten für den Bau herangeschafft und aufeinandergeschichtet werden. Die gewaltigen Steinquader waren dabei so genau berechnet und so sorgfältig behauen, daß man zwischen den Fugen nicht einmal eine Nadel durchschieben kann. Bis zu hunderttausend Arbeiter waren etwa 20 Jahre lang am Bau beschäftigt. Es war notwendig, eine eigene Stadt mit Unterkünften, Werkstätten und Getreidespeichern für die Arbeiter, Handwerker und Künstler zu bauen.

Dem heutigen Menschen ist es unvorstellbar, wie die Ägypter die riesigen Steinblöcke mit ihren einfachen Hilfsmitteln zur Baustelle und dort auf das Bauwerk beförderten. Die Steinbrüche, aus denen die Blöcke geschlagen wurden, lagen nämlich auf der anderen Seite des Nils. Man nimmt an, daß die Ägypter die Nilüberschwemmung abwarteten und dann auf riesigen Lastschiffen das tonnenschwere Gestein über den breiten Strom transportierten. Vom Ufer weg zogen dann Gruppen von Arbeitern mit Seilen jeweils einen Block an die Baustelle. Sie legten Rollen oder hölzerne Schlittenkufen unter, damit die schwere Last leichter auf den befestigten Wegen glitt. An der Pyramide ging es auf Rampen aufwärts (siehe Bild). Als die Pyramide fertig war, wurden die Rampen wieder beseitigt. Zuletzt wurden die Seitenflächen mit weiß leuchtenden Steinplatten verkleidet.

Zur Pyramidenanlage gehörte eine Anzahl von Tempeln und kleineren Nebenpyramiden für Königinnen oder hohe Beamte. Die Ägyptenforscher entdeckten insgesamt 67 Pyramiden, die meisten davon bei *Giseh*, in der Nähe von Kairo. Teilweise lagen sie unter Flugsand verborgen und mußten erst in mühevoller Arbeit freigelegt werden.

Die ägyptischen Könige verlegten in späterer Zeit ihre Hauptstadt von Memphis nach Theben im Süden Ägyptens. In der Nähe ließen sie sich ihre Grabstätten in den Felsen eines pyramidenförmigen Berges schlagen. Im *„Tal der Könige"* bei Theben gruben die Forscher zahlreiche Pharaonengräber aus.

**Das Innere der Pyramide**

Der Zugang zu den Grabkammern sollte *streng geheim* bleiben. Der Eingang der Pyramide wurde deshalb unauffällig mit einem mächtigen Stein verschlossen. Von dort führte ein

*Der Bau der Pyramide im Modell. Du kannst erkennen, wie die Ägypter die schweren Steinblöcke auf den Rampen hochzogen.*

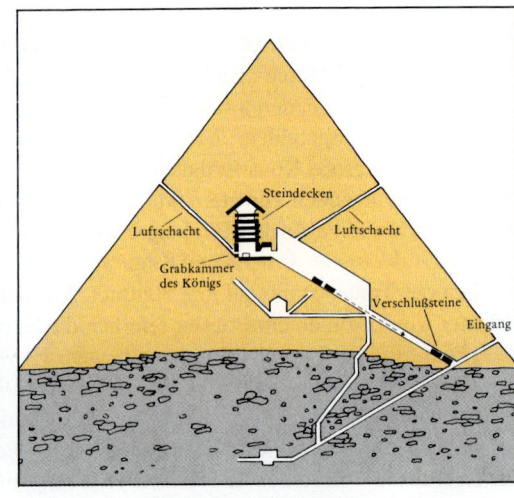

*Schnitt durch die Cheopspyramide.*

*Die Sargkammer des Tutanchamun. Sie ist heute im Ägyptischen Museum in Kairo zu sehen. Die Mumie des jungen Pharao liegt in einem dreifachen Sarg aus massivem Gold. Dieser ist der Gestalt des Pharao nachgearbeitet. Die Goldsärge ruhen wiederum in einem riesigen Steinsarg, wie die Abbildung zeigt. Dieser war mit einem schweren Granitdeckel verschlossen. Er stand in vier mit Gold reich verzierten Holzschreinen. Der äußerste Schrein hatte solche Ausmaße, daß er fast die ganze Totenkammer ausfüllte (5 m lang, 3,3 m breit, 2,73 m hoch).*

Gewirr von Gängen in das Innere. Die Wege verzweigten sich mehrfach und endeten vor blinden Türen, Schächten oder leeren Grabkammern. Der Gang, der zur Grabstätte des Königs führte, war absichtlich mit Schutt und Geröll angefüllt und immer wieder durch versiegelte Türen verschlossen. Schwer erkennbare Falltüren sicherten den Zugang zur *Grabkammer des Pharao*, die die Mitte der Pyramide bildete. In ihr war der Steinsarg mit der Mumie des Toten aufgestellt. Kostbare Gegenstände aus dem Leben des Königs, religiöse Figuren oder *Opfergaben* waren in Vorräumen untergebracht. Durch Luftschächte wurden diese Räume von außen belüftet.

Die Angst der Pharaonen vor *Grabräubern* war berechtigt. Die Pyramidenforscher fanden die meisten Grabstätten ausgeplündert vor.

**Howard Carters Entdeckung**
Im Jahre 1922 stieß der amerikanische Ägyptenforscher *Howard Carter* nach jahrelanger mühevoller Arbeit auf die Spur einer unentdeckten Grabstätte. Bei Ausgrabungen im Tal der Könige schlug seine Hacke eines Tages auf eine Steinstufe. In fieberhafter Arbeit wurde der Schutt abgetragen, und schon nach einigen Tagen kam eine versiegelte Tür zum Vorschein. Die Siegel trugen die Zeichen und den Namen des Pharao *Tutanchamun*. Nachdem der dahinterliegende Gang vom Geröll befreit war, standen die Forscher erneut vor einer Tür. Carter machte eine kleine Öffnung, hielt eine Kerze hinein und blickte in den Raum. Einer seiner Mitarbeiter durchbrach die angespannte Stille und fragte: „Können Sie etwas sehen?" Carter drehte sich um, seine Augen strahlten: „Ja, wunderbare Dinge!"

Der Fund Carters war der wertvollste, der je in Ägypten gemacht worden war. Der Raum, den er nun betrat, war der Vorraum der Grabkammer, angefüllt mit kostbarsten Luxusgegenständen aus purem Gold: Thronsessel, Truhen, Tragbahren, Figuren, Vasen. In einer Nebenkammer gewahrte er weitere unvorstellbare Schätze an Gebrauchsgegenständen. Den Höhepunkt seiner Forschung aber erlebte Carter, als er die Tür zur Grabkammer (siehe Bild) und der daran anschließenden Schatzkammer öffnete. Er äußerte sich später: „Ich schäme mich nicht, einzugestehen, daß es mir unmöglich war, auch nur ein Wort herauszubringen."

*1. Die Cheopspyramide ist die größte in Ägypten. Nenne Zahlen, die ihre Größe zeigen.*
*2. Beschreibe das Innere der Cheopspyramide.*
*3. Warum und mit welchen Mitteln sicherten die Pharaonen ihre Grabstätten?*

# Wenn du mehr erfahren und wissen willst

*Auf dem Transport ins Museum ist die Anschrift dieses Ausstellungsstückes in Unordnung gekommen. Mit ein bißchen Phantasie erkennst du den Inhalt dieser eigenartigen Mumie.*

Die Lösung dieses Rätsels ist nicht allzu schwer. Aber ein Panther als Mumie? Tatsächlich haben die Ägypter auch Tiere einbalsamiert: heilige Tiere, wie Krokodile, Vögel und Katzen. Diese und noch viele andere Informationen über das alte Ägypten, dazu Bilderrätsel und Denkaufgaben findest du in dem kleinen Büchlein:

○ **„Pyramiden und Mumien" von M. v. Schwarzkopf mit Bildern** von **C. Oliv,** in der Reihe „Spaß und Wissen" bei Pelikan.

Ein ägyptischer Junge will auf eigene Faust Schätze in Pharaonengräbern suchen.

„Als er in die Schachtöffnung blickte, gähnte ihn ein schwarzes Quadrat an. Er leuchtete mit einer Taschenlampe in die Tiefe. Schwacher Schein traf den Boden. Megdi zog die Schuhe aus und versteckte sie unter Sand. Dann begann er den Einstieg. Zunächst ging es leicht. Mit Fingern und Zehen tastete er nach dem nötigen Halt. Von Wand zu Wand war mehr als ein Meter. Das Fenster oben wurde kleiner. Als Megdi etwa 15 Meter abgestiegen war, spähte er nach unten. Ein wenig erschrak er — noch war kein Boden zu sehen. In seinen Knien verspürte er ein Zittern. Er wußte, daß es im Augenblick kein Zurück gab... Der Stollen wurde so niedrig, daß Megdi nichts übrigblieb, als zu kriechen. Auf einmal lag vor ihm ein Stück Holz. Er faßte danach. Es bröckelte unter seinem Griff..." An dieser Stelle soll unser Ausschnitt enden. Megdi hat eine Entdeckung gemacht. Seine Neugierde wird geweckt. Er will mehr wissen. Und ein alter Ausgräber erzählt ihm in zwölf Geschichten die spannenden Abenteuer der Archäologie in Ägypten:

○ **„Die Welt der Pharaonen" von Hans Baumann,** C. Bertelsmann Verlag.

Die beiden folgenden Bücher informieren in kurzen Geschichten über das tägliche Leben der Menschen im Pharaonenreich. Du erfährst, wie sich die Bauern bei der Feldarbeit plagen mußten, wie dagegen die Reichen lebten und wie der Pharao:

○ **„So lebten sie zur Zeit der Pharaonen" von Pierre Miquel,** Tessloff-Verlag

○ **„Die Ägypter" von Anne Millard,** Falken-Verlag

Die Mumien — einbalsamiert und in Binden gewickelt, überstanden sie die Jahrtausende. Erst die Ägyptenforscher der letzten 200 Jahre entdeckten ihr Geheimnis. Wer mehr über diese seltsame Bestattungsart wissen will, sei auf das folgende Buch verwiesen:

○ **„Mumien — Kulturgeschichte für Kinder" von Aliki Brandenberg,** Carlsen Verlag.

Die Pyramiden sind die Wahrzeichen Ägyptens. Es gibt ein Jugendbuch, das die Entstehung einer Pyramide vom Baubeginn bis zu ihrer Vollendung genau beschreibt:

○ **„Wo die Pyramiden stehen" von David Macaulay,** Artemis Verlag.

# Bei den Griechen des Altertums

Weißt du schon, warum die Wettkämpfe, zu denen sich die besten Sportler alle vier Jahre irgendwo in der Welt treffen, *„Olympische Spiele"* oder *„Olympiaden"* heißen? Sie haben eine Einrichtung aus dem alten Griechenland zum Vorbild: Für die Menschen, die vor ungefähr 2500 Jahren in Griechenland lebten, war der Sport eine wichtige Sache. Jedes Jahr fanden an vielen Orten Sportwettkämpfe statt. Und alle vier Jahre kamen Sportler aus allen Städten Griechenlands zusammen, um sich zu messen: im Ring- und Faustkampf, im Freistilringen, im Wettlauf und im Lauf in schwerer Rüstung, im Speer- und Diskuswurf, im Pferde- und Wagenrennen sowie im Fünfkampf. Dazu trafen sie sich an Orten, die einem ihrer Götter geweiht waren — so in Olympia, wo ein Heiligtum des Gottes Zeus stand.

Griechenland ist ein sehr gebirgiges Land. Die Berge sind steil, die Ebenen klein, die Küstenstreifen schmal. Diese Bedingungen der Landschaft trugen dazu bei, daß es lange Zeit keinen großen Staat aller Griechen gab, sondern viele kleine Staaten. Jeder dieser Staaten umfaßte meist nur eine Stadt und deren Umgebung; wir nennen sie deshalb *„Stadtstaaten"*. Diese Stadtstaaten lagen oft im Streit miteinander und bekämpften sich. Doch alle vier Jahre, solange die Olympischen Spiele dauerten, ruhte der Streit. Gemeinsam begeisterten sich die Griechen für die Wettkämpfe und lernten sich kennen.

Auch die heutigen Olympischen Spiele wollen zur Verständigung zwischen den verschiedenen Völkern beitragen. Und auch sie beginnen eigentlich immer im griechischen Olympia: Dort wird ein Feuer entzündet, das dann Läufer durch Länder und Kontinente zum Ort der Wettkämpfe tragen. Hier brennt es, in einer großen Schale über dem Stadion, während der Dauer der Spiele als „olympisches Feuer".

Die Olympischen Spiele sind ein Beispiel. Du kannst daran sehen, daß manche heutigen Dinge weit zurückreichen — eben bis zu den Menschen im alten Griechenland. Von diesen Menschen handelt die folgende Unterrichtseinheit — von ihrem Leben in einem der Stadtstaaten des alten Griechenland, dem *Stadtstaat Athen*.

# Athen — Stadtleben vor 2 500 Jahren

## Die Großstadt am Meer

**Eine befestigte Stadt am Meer**

Athen war einer der wichtigsten Stadtstaaten Griechenlands. Das Gebiet des Stadtstaates umfaßte die Stadt Athen, den Hafen Piräus und die Dörfer der Halbinsel Attika. Um 500 v. Chr. — also vor etwa 2500 Jahren — lebten im Stadtstaat Athen ungefähr 300 000 Menschen, davon etwas mehr als 30 000 in der Stadt. Diese zählte damit zu den größten Städten Griechenlands.

Zur *Ernährung* der vielen Stadtbewohner reichte die Landwirtschaft Attikas nicht aus, denn es gab nur wenig fruchtbares Land. Die Bauern konnten nicht einmal die Hälfte des jährlich benötigten Getreides liefern. Deshalb waren der *Fischfang* und der *Handel auf Schiffen* für die Versorgung Athens sehr wichtig. Die Lage der Stadt begünstigte dies: Die Athener gelangten viel leichter ans Meer als ins gebirgige Landesinnere. Athens Schiffe fuhren bis zum Schwarzen Meer und bis zu den Küsten Kleinasiens. Sie lieferten Olivenöl, Wein und Tonwaren (Keramik) und brachten vor allem Getreide in die Stadt.

Der Hafen *Piräus* liegt etwa 10 km von Athen entfernt. Um den Zugang zum Meer und die Versorgung der Stadt auch im Falle eines Krieges zu sichern, dehnten die Athener die Mauern ihrer Stadt bis zum Meer aus; einen schmalen Landstreifen zwischen Piräus und Athen schützten sie besonders durch die „Langen Mauern".

**In der Stadt**

Wenn athenische Matrosen nach langer Seefahrt in Piräus angelegt hatten und dann auf dem kürzesten Weg, nämlich zwischen den Langen Mauern, nach Athen eilten, sahen sie kaum etwas von der Landschaft. Bald aber zeigte ihnen ein immer deutlicherer Glanz am Horizont, daß sie sich der Stadt näherten: In der Sonne leuchteten die weißen Marmorsäulen der *Akropolis.*

Die Akropolis (= Oberstadt) war mit ihren Tempeln und einem riesigen Standbild der Göttin Athena das Heiligtum Athens. Früher war sie die Burg des Königs gewesen, der hier mit seinen Kriegern gewohnt und von hier aus Attika beherrscht hatte. Die Akropolis war befestigt und lag auf dem höchsten Punkt der Stadt, einem etwa 150 m hohen und 300 m langen Felsenhügel.

Die Stadt Athen hatte sich allmählich unterhalb dieser Burg entwickelt: Zunächst siedelten sich hier die Herren anderer Burgen Attikas an. Der König hatte diese Burgherren — wir nennen sie „Adelige" — dazu gezwungen, um besser über sie herrschen zu können. Den Adeligen folgten Handwerker und Händler, die Werkstätten und Geschäfte zur Versorgung der wachsenden Bevölkerung errichteten. So entstand in der Nähe der wichtigen Straßen nach Eleusis und Piräus die *Agora,* der große Marktbezirk Athens. Hier gab es, wie auf der Akropolis, Gebäude aus Stein und große Säulenhallen.

*Die Lage der Stadt Athen*

*Das Luftbild zeigt, wie die Akropolis heute aussieht. Die in der ganzen Welt bewunderten Bauten blieben über 2000 Jahre lang fast unversehrt. Viele Jahrhunderte lang waren sie das weithin sichtbare Zeichen der Macht und des Reichstums Athens.*

*Wenn ein Athener aus dem engen Gassengewirr der Stadt den Berg hinaufstieg, erfüllte ihn Stolz auf seine Stadt, die sich solch prächtige Bauten leisten konnte. Durch eine säulengeschmückte Eingangshalle, die Propyläen (1), betrat er den Hof und erblickte plötzlich die Tempel, vor allem den Parthenon (2) mit seinen achtundfünfzig hohen Säulen und den vielen bunten Figuren im Giebel. Dieser Tempel war der Stadtgöttin Athena geweiht; in ihm befand sich das 12 m hohe Standbild der Göttin. Es war eine Holzstatue, die mit geschnitzten Elfenbeinplatten und Goldplatten belegt war. 1000 kg Gold sollen verarbeitet worden sein. Dieses Gold, das einen wesentlichen Teil des Staatsschatzes ausmachte, konnte jederzeit abgenommen werden.*

*Unser Luftbild zeigt auch das Odeon (3), in dem die Athener Musik hörten und das heute als Freilichtbühne benützt wird. Das Dionysostheater (4) war für die Aufführung von Theaterstücken bestimmt.*

In den *Wohnvierteln Athens* waren die Häuser niedrig, mit Holz gebaut und beherbergten nicht nur die Menschen, sondern auch viel Vieh: Pferde, Esel, Schweine und Ziegen. Entsprechend dreckig waren die engen verwinkelten Gassen der Stadt. Doch das stets milde Klima ermöglichte es den Athenern, sich wenig in ihren Wohnbezirken aufzuhalten.

Athens Bürger waren viel unterwegs. Sie gingen auf den Markt, wo sie nicht nur neue Waren anschauen oder kaufen konnten, sondern auch allerlei Neuigkeiten hörten, die neuesten Bekanntmachungen der Stadtverwaltung lasen oder ganz einfach Freunde trafen. Dann gab es noch Plätze, auf denen die Volksversammlung und die Gerichtssitzungen stattfanden oder die Theater am südlichen Abhang der Akropolis. Bei Sonnenuntergang kehrten die Athener eilig in ihre kleinen, oft armseligen Häuser zurück, denn die Straßen und Plätze Athens waren damals nicht beleuchtet. So zeigt ein athenischer Dichter jener Zeit in einem Theaterstück einige Athener, die ihre Häuser in der ersten Morgendämmerung verlassen müssen, um als Richter rechtzeitig an Ort und Stelle zu sein. Sie lassen ihre kleinen Söhne vorausgehen, die mit Handlaternen den Boden ableuchten und immer wieder rufen: „Ein Dreck da, he Papa, tritt doch nicht hinein!"

*1. Warum wurde der Stadtstaat Athen eine „Seemacht"?*
*2. Wodurch unterschieden sich die Stadtteile Athens? Versuche diesen Unterschied zu erklären.*

# Menschen in der Stadt

### Ein besonderer Tag für Ephialtes

Für Ephialtes, den Sohn des Demetrios, beginnt an diesem schönen Junimorgen des Jahres 470 ein besonderer Tag: gestern ist er 20 Jahre alt geworden, und so darf er heute zum ersten Mal an einer Volksversammlung teilnehmen. Viermal im Monat findet diese Versammlung statt, und aus allen Stadtteilen sind dann Männer auf dem Weg zum Versammlungsplatz auf einem Hügelabhang westlich der Akropolis. Der Vater drängt: „Bist du endlich fertig? Ich will nicht deinetwegen ganz hinten sitzen. Und vergiß die Tonscherbe nicht, du brauchst sie heute!" — „Um wen geht's denn dieses Jahr?" wagt Ephialtes noch zu fragen. Der Vater, schon in der offenen Tür, wirft ungeduldig zurück: „Um den Themistokles. Er wird aus der Stadt verbannt."

Themistokles? Das ist der Feldherr — so erinnert sich Ephialtes, während er neben dem Vater durch die engen Gassen eilt —, unter dessen Führung wir die persische Flotte bei Salamis vernichtet haben und der dann zu unserem Schutz den Hafen Piräus und Athen befestigen ließ. Das war vor etwa zehn Jahren. Aber warum will man ihn heute verbannen?

Der Versammlungsplatz ist schon fast voll. Überall Stimmengewirr, laute Zurufe. Der Vater drängt sich durch die Reihen, hält Ausschau nach Bekannten, nach Freunden. „Da schau, dort unten, rechts vor der Rednertribüne, hat sich Archidamos ganz schön breit gemacht. Das könnte klappen." — „Hallo, Archidamos. Rück mal etwas weiter! Mein Sohn ist heute zum ersten Mal hier. Der will was sehen und hören." Der so angesprochene Freund des Vaters murmelt irgendetwas, rückt aber auf der Steinstufe ein Stückchen weiter. Demetrios und Ephialtes zwängen sich in die Reihe; die Hände auf den Knien warten sie auf die Eröffnung der Versammlung.

Für alle sichtbar betritt der Vorsitzende die Rednertribüne, langsam wird es still auf dem Platz. Der Vorsitzende mahnt mit klarer Stimme zur Ruhe und erinnert an die Regeln für die Volksversammlung: Wer sprechen will, soll dies von der Rednertribüne aus tun, nur der Vorsitzende darf den Redner unterbrechen, nur er erteilt das Wort. Dann nennt er einige Namen, aus der ersten Reihe erhebt sich ein Mann und steigt auf die Rednertribüne. Er erklärt, daß Themistokles für zehn Jahre aus Athen verbannt werden müsse. Sein Haus, sein Vermögen könne er wie alle Verbannten behalten, aber er müsse gehen. Warum? „Themistokles ist eingebildet, er verachtet uns Athener. Dieser Mann denkt nur an sich. Überall will er mitmischen, und wenn wir ihm nicht das Handwerk legen, wird er sich zum Alleinherrscher machen."

Lauter Beifall, langanhaltende Bravorufe. Die anderen vom Vorsitzenden genannten Redner sagen ähnliches, auch sie erhalten großen Beifall. Da hat es ein Freund des Themistokles schwer, der auf die großen Verdienste dieses Atheners verweist, von Undankbarkeit und maßloser Übertreibung spricht. Nur wenige klatschen als er die Rednertribüne verläßt. Der Vorsitzende ergreift das Wort: „Ich glaube, wir haben genug Meinungen gehört. Wer für die Verbannung des Themistokles ist, der ritze oder schreibe dessen Namen auf die Tonscherbe. Die Scherbe wird bei den Beamten auf dem Platz abgeliefert. Die Beamten zählen heute noch die Stimmen."

Die Versammlung ist zu Ende. Ephialtes weiß nicht so recht, was er von der Sache halten soll. Themistokles verbannen, den Helden, von dem er als Junge so oft geträumt hat? Auf der Tonscherbe des Vaters ist schon „Themistokles" eingeritzt — ob der Vater das schon zu Hause gemacht hat? „Diesmal noch nicht", denkt sich Ephialtes und wirft seine Tonscherbe weg.

„Ich geh' noch zu den Geschäften auf dem Markt, und dann in die Taverne. Du kannst ja auch noch spazierengehen", meint plötzlich der Vater, zieht seinen Freund Archidamos am Arm und verschwindet mit ihm in der Menge. Eigentlich toll, denkt sich da Ephialtes, daß wir Männer den ganzen Tag so verbringen können. Toll auch, daß ich kein Mädchen, keine Frau bin.

*a) An diesem Tag ist Ephialtes stolz. Warum?*
*b) Was erfährst du in der Erzählung über die Volksversammlung und das „Scherbengericht" der Athener?*

### Handwerker, Bauern und Sklaven

Die Familie des Ephialtes gehörte zu den vornehmen Familien Athens. Die Männer dieser Familien konnten den ganzen Tag in der Stadt verbringen, denn sie arbeiteten nicht. Das taten die Handwerker, Bauern und Sklaven.

Die *Vornehmen Athens verachteten die Handwerker.* Sie meinten, daß die handwerklichen Beschäftigungen den Körper des Arbeiters schwächen, weil sie diesen zu einer sitzenden Lebensweise und zum Stubenhocken zwingen. Und wenn der Körper nicht trainiert werde, dann leide darunter auch der Geist. Die Vornehmen nannten die Handwerker und die Bauern auch verächtlich „Banausen" (Ungebildete). Wie alle Knaben der vornehmen Familien war deshalb Ephialtes nicht zur Arbeit erzogen worden. Bei einem „Pädagogen" (Lehrer) hatte er Lesen, Schreiben, Zeichnen, Mathematik gelernt, aber auch Gymnastik, Musik, Tanz,

*Vasen und Gefäße aus Ton erzählen von den Menschen: Diese Bilder sind Vasenmalereien, sie zeigen Handwerker (Schuster), Bauern und Frauen bei der Arbeit.*
*Die Töpferei war ein sehr wichtiges Handwerk, denn man brauchte die Tongefäße (Keramik), um Vorräte anlegen zu können. Oft wurden sie mit Mustern und Bildern verziert. Die Keramik aus Athen war wegen ihrer Schönheit und guten Qualität in ganz Griechenland berühmt.*

a) Was erfährst du über die Arbeit der Bauern?
b) Bei welcher Tätigkeit werden die Frauen gezeigt?
c) Warum kann man sie als typisch für die Frauen in Griechenland bezeichnen? Lies dazu auch die Quelle unten rechts.

Theaterspiel und Redekunst. Seitdem er 15 Jahre alt war, ging er regelmäßig mit anderen Jungen ins „Gymnasion" zum Sportunterricht und seit zwei Jahren trainierte er täglich für den Kriegsdienst.

Die täglichen Arbeiten in den Häusern der Vornehmen verrichteten *Sklaven;* Sklaven arbeiteten auch in den Werkstätten der Handwerker und in der Landwirtschaft. Die Sklaven waren die größte Bevölkerungsgruppe, im Stadtstaat Athen gab es etwa 100 000. Es waren meist Kriegsgefangene oder deren Nachkommen. Besonders nach einem erfolgreichen Kriegszug konnte man sie wie jede andere Ware auf dem Markt kaufen. Die meisten Athener sahen in der Sklaverei eine natürliche Sache.

**Q** Der griechische Gelehrte Aristoteles schrieb damals.
„Die Sklaverei ist nicht gegen die Natur. Denn überall gibt es Herrschendes und Beherrschtes. Die Seele regiert über den Körper, der Mensch beherrscht das Tier, der Herr den Sklaven. Der Sklave hat keinen Verstand. Es ist also klar, daß es von Natur Freie und Sklaven gibt und daß das Dienen für Sklaven zuträglich und gerecht ist." (4)

○ Warum meint Aristoteles, daß „das Dienen für Sklaven gerecht ist"?

### Mädchen und Frauen

Philarete, die Schwester des Ephialtes, kannte kaum die Stadt. Begierig hörte sie zu, wenn Ephialtes am Abend erzählte, was er gesehen, was er erlebt hatte. Ebenso erging es der Mutter. Denn die Mädchen und Frauen Athens verließen kaum das Haus, ja man verbot ihnen, aus dem Fenster zu gucken. Sie durften weder zu den Volksversammlungen noch auf den Markt gehen.

**Q** Ein Athener erzählte einem Freund von seiner Frau: „Sie war noch nicht 15 Jahre alt, als ich sie heiratete. Die Zeit vorher hatte man fürsorglich auf sie aufgepaßt. Ich war schon damit zufrieden, daß sie bereits verstand, mit Wolle umzugehen und ein Gewand anzufertigen. Außerdem war sie in der Magenfrage ganz vorzüglich erzogen, mein lieber Freund, was mir die wichtigste Erziehungsfrage zu sein scheint." (5)

○ Welche Aufgaben hatten die Frauen Athens?

1. Von welchen Bevölkerungsgruppen in Athen hast du erfahren?
2. Was weißt du über ihr Leben?

# In Athen begann die Demokratie

## Der Stadtstaat der Bürger

### Demokratie — was ist das?

Wir gehen noch einmal zurück zu der Geschichte von Ephialtes. Die Zählung der Stimmen durch die Beamten ergab, daß die Mehrheit der Bürger in der Volksversammlung für die Verbannung des Themistokles war. Er mußte Athen verlassen. In einer so wichtigen Frage hatten nicht ein einzelner oder einige wenige entschieden, sondern die Mehrheit. Es war eine *demokratische Entscheidung*. Ein Staat ist also demokratisch, wenn nicht ein einzelner, nicht einige wenige alles bestimmen, sondern wenn das Volk herrscht. Das Volk herrscht, indem es zum Beispiel über wichtige Fragen abstimmt oder eine Regierung wählt. In der Sprache der Griechen hieß die *Volksherrschaft „Demokratie"*.

Wir sagen heute, daß die Bundesrepublik Deutschland ein demokratischer Staat ist. Wir meinen heute damit, daß es in der Bundesrepublik eine Versammlung von Männern und Frauen gibt, die von der Bevölkerung für vier Jahre gewählt wird. Diese Versammlung heißt „Bundestag". Die Männer und Frauen des Bundestages sind die gewählten Vertreter des Volkes. Sie beraten und beschließen die Gesetze, sie wählen eine Regierung. Und nach vier Jahren ist ihre Tätigkeit beendet. Die Bevölkerung wählt einen neuen Bundestag und damit eine neue Regierung.

Die Demokratie, wie wir sie heute kennen, entwickelte sich sehr langsam. Die ersten Schritte in dieser Entwicklung machten vor etwa 2500 Jahren die Griechen in Athen.

### Die Athener beseitigten die Alleinherrschaft

Am Anfang war auch der Stadtstaat Athen ein Königreich. Der *König* beherrschte Attika von der Akropolis aus. Doch die *Adeligen* Athens erhoben sich gegen den König. Sie verteilten nun die Ämter des Stadtstaates unter sich, aber sie nützten ihre bevorzugte Stellung aus und wurden immer reicher. Vor allem die Bauern und Handwerker wurden immer ärmer, ihre Unzufriedenheit wuchs. Es kam zu Unruhen und Kämpfen. Eine Zeitlang wurde Athen dann von einem *Tyrannen*, das heißt Alleinherrscher, regiert, dem die Armen zunächst vertrauten. Als aber die Söhne dieses Tyrannen die Bevölkerung immer mehr unterdrückten, wurden sie ermordet oder vertrieben.

Eine neue Ordnung entstand: Die *Volksversammlung* traf nun die wichtigen Entscheidungen, ein Rat von 500 Männern, der *„Rat der 500"*, sorgte für die Durchführung dieser Entscheidungen. Jedes Jahr wurde ein neuer Rat bestimmt. Auch die Feldherren wurden jedes Jahr neu gewählt. Die Zeit der Könige, der Adeligen und der Tyrannen war vorbei.

### Die Bürger bestimmten mit

Die Mitwirkung der Bürger an den für Athen wichtigen Entscheidungen fand in der Volksversammlung statt. Alle männlichen Bürger, falls sie 20 Jahre alt waren, konnten an der Volksversammlung teilnehmen. Dort berieten sie neue *Gesetze*, wählten und kontrollierten die *Beamten*, die nach der einjährigen Amtszeit über ihre Tätigkeit berichten mußten. Die Volksversammlung entschied über *Bündnisse* des Stadtstaates Athen mit anderen Staaten und auch darüber, ob Athen einen *Krieg* führen werde oder nicht.

Die Volksversammlung wurde vom Vorsitzenden geleitet. Wenn ein Bürger etwas sagen wollte, dann erteilte ihm der Vorsitzende das Wort. Nur der Vorsitzende durfte den Redner unterbrechen, der von der Rednertribüne aus sprechen mußte. Die Bürger stimmten ab, indem sie die Hand erhoben oder einen schwarzen bzw. weißen Stein in eine Urne warfen. Wenn die Mehrheit der Bürger meinte, daß ein einzelner die Freiheit in Athen bedrohe, daß also die Gefahr einer Tyrannenherrschaft bestehe, dann konnten sie diesen gefährlichen Mann durch das einmal im Jahr stattfindende *Scherbengericht* aus dem Stadtstaat verbannen.

Jeder Teilnehmer an der Volksversammlung konnte Mitglied des Rates der 500 oder Richter werden: Diese Tätigkeiten wurden nämlich in der Volksversammlung ausgelost. Ein Bürger, der so für ein Jahr Ratsmitglied oder Richter geworden war, erhielt dafür ein *Tagegeld*, das so hoch war wie der niedrigste Tagesverdienst. Auf diese Weise konnten auch Handwerker und Lohnarbeiter ein Amt übernehmen, da das Tagegeld den Lohnausfall während ihrer Tätigkeit für den Staat wenigstens teilweise ausglich.

*Eine Tonscherbe, die bei Ausgrabungen gefunden wurde.*

*a) Wozu diente diese Tonscherbe? Was weißt du darüber?*
*b) Den oberen der beiden eingeritzten Namen kennst du schon. Was weißt du über diesen Mann?*

*Büste des Perikles. Der Helm war das Zeichen der Feldherrnwürde. Ein Geschichtsschreiber des Altertums meint, Perikles sei meist mit einem Helm dargestellt worden, weil „sein Kopf unverhältnismäßig lang war"; manche Athener hätten ihn deshalb „Zwiebelkopf" genannt.*

### Ein berühmter Athener: Perikles

Um die Mitbestimmung möglichst vieler Bürger bemühte sich besonders ein Athener namens Perikles. Er war es, der die Auslosung der Mitglieder des Rates und der Richter durchsetzte. Die Jahrzehnte unter Perikles nach *450 v. Chr.* gelten als die *Blütezeit der Demokratie* in Athen.

Perikles gehörte einer reichen und vornehmen Familie Athens an. Trotzdem setzte er sich energisch für die Armen ein und stellte sich gegen die Adeligen.

Als junger Mann betätigte sich Perikles zunächst kaum für die Angelegenheiten der Stadt. Bei den Griechen hießen die Stadt und der Stadtstaat „Polis"; wer sich für die Polis betätigte, der machte *„Politik"*. Perikles mied also zunächst die Politik. Ein Geschichtsschreiber des Altertums berichtet: „Er mied die Politik, war aber im Kriege ein tapferer, mutiger Soldat. Als er dann doch den Entschluß faßte, sich politisch zu betätigen, wählte er die Partei der besitzlosen Menge, nicht der wohlhabenden Minderheit." Bald gewann Perikles viele Bürger Athens für sich, denn er war ein sehr geschickter Redner. Einmal wurde einer seiner Gegner gefragt, wer der bessere Ringer sei, er selbst oder der Perikles. Der Gefragte antwortete: „Wenn ich ihn im Ringkampf zu Boden werfe, streitet er ab, gefallen zu sein, und zwar so erfolgreich, daß selbst jene ihm glauben, die ihn mit eigenen Augen fallen sahen."

So wurde Perikles schließlich zum wichtigsten Mann in Athen. Man wählte ihn 15mal hintereinander zu einem der 10 Feldherren. Er erkämpfte für Athen neun Siege. Er veranlaßte die Errichtung der prächtigen Bauwerke auf der Akropolis und den Ausbau der Flotte. Damit verschaffte er vielen Athenern Arbeit.

Aber auch Perikles änderte nichts daran, daß nur eine Minderheit der 300 000 Bewohner des Stadtstaates in der Politik mitbestimmte: Denn nicht jeder Bewohner Athens war ein Bürger.

### Wer war in Athen ein Bürger?

Die Möglichkeiten der Mitbestimmung, von denen du gehört hast, galten nur für jene Bewohner des Stadtstaates, die drei Voraussetzungen erfüllten: Sie mußten einer athenischen Familie entstammen, männlich und volljährig sein. Nur solche Bewohner wurden Bürger genannt.

Von diesem *Bürgerrecht* waren also die Frauen, die Kinder und die vielen Sklaven ausgeschlossen. Es gab noch eine weitere Bevölkerungsgruppe, die das Bürgerrecht nicht besaß: die „Metöken", was „Mitbewohner" bedeutet. Die Metöken waren Fremde, die nach Athen zugewandert waren und nun hier lebten, oder auch freigelassene Sklaven. Da diese Bewohner des Stadtstaates keinen Landbesitz erwerben durften, lebten sie als Handwerker und Händler. Viele von ihnen wurden wohlhabend, manche als Schiffsbesitzer, Kaufleute oder Fabrikanten sehr reich. Die Metöken bezahlten Steuern und kämpften in Kriegszeiten für Athen, aber politisch durften sie sich eben nicht betätigen.

So war Athens Demokratie nicht die Herrschaft aller, aber doch eine Herrschaft, die auf der Mitbestimmung vieler beruhte.

*Die Bevölkerung des Stadtstaates Athen um 500 v. Chr.*

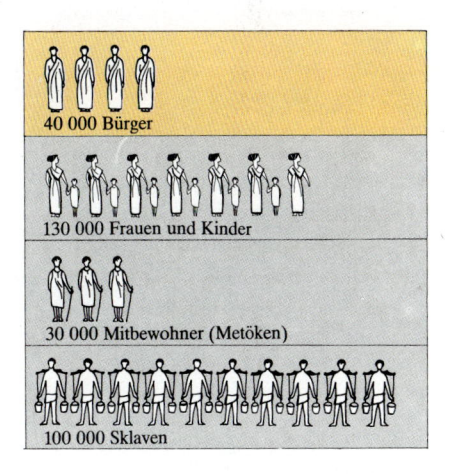

40 000 Bürger
130 000 Frauen und Kinder
30 000 Mitbewohner (Metöken)
100 000 Sklaven

*Ein kleines Rätsel:*
*Schreibe als Antwort auf die folgenden Fragen jeweils einen Satz und unterstreiche das Lösungswort. Die Klammern geben die Buchstaben der Lösungswörter an, die zusammen ein griechisches Wort bilden. Was weißt du davon?*
1. *Was bedeutet das Wort „Demokratie" (2)?*
2. *Was machte ein Athener, der sich um die Angelegenheiten des Stadtstaates kümmerte (3)?*
3. *Wie nannten die Griechen einen Alleinherrscher (2)?*
4. *Welche Menschen bezahlten Steuern, ohne das Bürgerrecht zu haben (1)?*
5. *Welcher Athener tat viel für die Mitbestimmung der Bürger (1)?*
6. *Womit konnten Athens Bürger einen mächtigen Mann verjagen (12)?*
7. *Welche Menschen wurden in Athen wie eine Ware behandelt (4)?*

# Marathon und Salamis: Athen verteidigt seine Freiheit

Wir schauen aus der Zeit des Perikles nochmals zurück in der Geschichte Athens. Das Wirken des Perikles und die Entwicklung zur Demokratie in Athen waren nur möglich, weil etwa 50 Jahre vorher Athens Bürger die Freiheit ihrer Stadt gegen einen mächtigen Feind verteidigt hatten. Dieser mächtige Feind war das Perserreich.

### Aufstand in Kleinasien

Die persischen Könige hatten ihre Macht immer weiter nach Westen ausgedehnt. Um 500 v. Chr. gehörten zum Beispiel Teile Nordgriechenlands, die Zufahrten zum Schwarzen Meer und Ägypten zum riesigen Perserreich. Auch über die griechischen Städte an der Küste Kleinasiens — sie sind auf der Karte S. 39 eingezeichnet — gebot der persische König als oberster Herr. Diese griechischen Städte mußten ihm Steuern zahlen; sie mußten ihm auch Schiffe und Soldaten zur Verfügung stellen. In jeder Stadt hatte der persische König einen Tyrannen eingesetzt.

Der Tyrann der Stadt *Milet* — er hieß Aristagoras — plante und organisierte einen Aufstand der griechischen Städte gegen den persischen König. Aristagoras fuhr auch nach Griechenland, um die griechischen Stadtstaaten um Hilfe zu bitten. Die Athener versprachen, den Aufstand zu unterstützen, schickten aber nur 20 Schiffe. Der Aufstand scheiterte. Die Perser zerstörten Milet; die überlebenden Bewohner wurden in andere Teile des Perserreiches umgesiedelt oder als Sklaven verkauft. Der persische König Dareios schwor den Athenern Rache dafür, daß sie Milet unterstützt hatten. Einer seiner Diener mußte vor jedem Essen zu ihm sagen: „O Herr, erinnere Dich der Athener!"

### Die Sensation von Marathon

Im Jahre 490 war es soweit. 600 persische Schiffe mit 20 000 Soldaten segelten durch das Ägäische Meer und landeten nordöstlich von Athen. In der *Ebene von Marathon* — bis Athen sind es etwa 40 km — kam es zur Schlacht. Die Athener hatten den mächtigen Stadtstaat *Sparta* um Hilfe gebeten. Doch es herrschte gerade Vollmond; dies war in Sparta eine geheiligte Zeit, in der die Spartaner nicht kämpften. So standen 9000 Athener fast allein — nur ein kleiner Stadtstaat hatte 1000 Mann geschickt — der Übermacht gegenüber. Doch das Unvorstellbare geschah: Die athenischen Hopliten griffen im Laufschritt die Mitte des persischen Heeres an und konnten die Perser zum Meer und in einen nahegelegenen Sumpf zurückdrängen, wo viele umkamen. 6500 Perser starben, Athen verlor 192 Mann. Ein Läufer soll sofort die Siegesnachricht nach Athen gebracht haben. Daran erinnert noch heute der 42 km lange Marathonlauf bei den Olympischen Spielen.

### Ein neuer persischer Angriff

Schon zehn Jahre später drang von neuem ein gewaltiges persisches Heer — 200 000 Soldaten und etwa 1000 Schiffe, die die Küste entlangfuhren — von Norden her in Griechenland vor. Doch diesmal war Athen nicht allein: Sparta, Theben, Korinth und einige andere Stadtstaaten hatten sich mit ihm verbündet.

Ein griechisches Heer versuchte, die Perser am höchsten Punkt eines felsigen Passes aufzuhalten. Der Ort heißt *Termophylen*, die „heißen Tore", weil dort heiße Quellen fließen. An seiner engsten Stelle bot dieser Paß gerade Platz für einen Wagen. Drei Tage hielt der Spartanerkönig Leonidas

*Ein „Hoplit", ein schwerbewaffneter griechischer Soldat. Er kämpfte mit einer 2,25 m langen Lanze, für den Nahkampf war er mit einem zweischneidigen, 45 cm langen Schwert ausgerüstet. Nur die Lanze und den Schild erhielt der Hoplit vom Staat.*

○ *Womit versuchte der Hoplit den Körper zu schützen?*

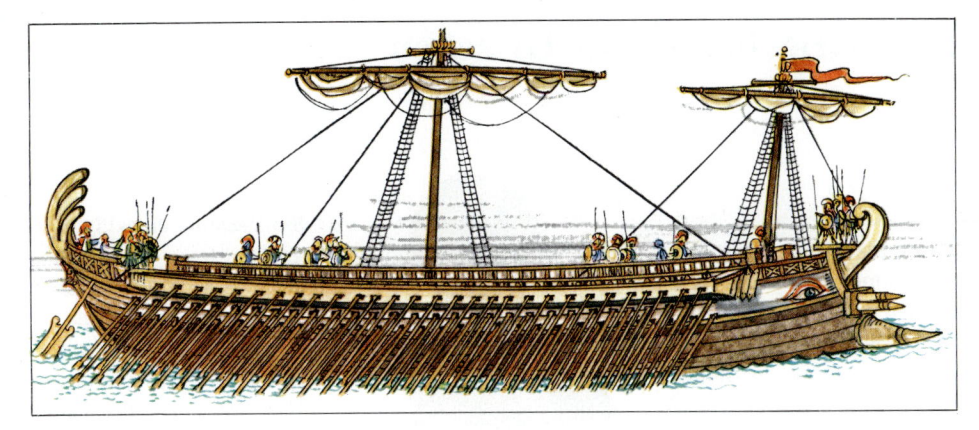

*Athenisches Kriegsschiff. Es hatte etwa 200 Mann Besatzung: Matrosen, Ruderer, Soldaten. Es bewegte sich meist mit Hilfe der Ruder, zusätzlich konnte ein Segel gesetzt werden. Im Heck (links) saß der Steuermann, am Bug (rechts) war der Platz für die Wache, darunter der Rammsporn in Form einer Tierschnauze.*

mit etwa 1000 Kriegern den Paß. Die persischen Offiziere sollen hinter den Reihen ihrer Soldaten gestanden und sie mit Peitschenhieben zum Angriff getrieben haben. Schließlich zeigte ein Verräter den Persern einen Umgehungspfad über das Gebirge. So konnten sie die Griechen von hinten angreifen. Von den griechischen Verteidigern überlebte keiner. Der Weg nach Athen war für die Perser frei.

### Der listige Themistokles

In Athen verbreitet das unaufhaltsame Vordringen der Perser großen Schrecken. Priester des Gottes Apollo, denen man die Gabe der Weissagung zuschrieb, raten den Athenern, sich hinter „hölzernen Mauern" zu verteidigen. Was aber ist damit gemeint?

Die Volksversammlung tritt zusammen. Einige Redner weisen darauf hin, daß die Schutzmauern der Akropolis teilweise aus Holz gefertigt sind; man solle sich also dort verschanzen. Dann meldet sich Themistokles, der in den letzten Jahren den Bau von 200 Schiffen veranlaßt hat, zu Wort:

„Athener! Überlegt doch einmal: Mit den ‚hölzernen Mauern', hinter denen wir uns verteidigen sollen, können nicht die Mauern der Akropolis gemeint sein. Denn wie könnten so viele Menschen dort oben Platz finden? Nein, ich sage Euch, die ‚hölzernen Mauern', das sind unsere neuen Schiffe. Ich beantrage daher, daß alle waffenfähigen Männer mit den Kindern, Frauen, Sklaven und mit der nötigsten Ausrüstung die Schiffe besteigen. Wir müssen unsere Familien vor dem Feind in Sicherheit bringen! Denkt daran, daß allen Tod oder Sklaverei droht, wenn wir in die Hände der Perser fallen!"

Die Volksversammlung stimmt schließlich dem Vorschlag des Themistokles zu — die Athener verlassen ihre Stadt und setzen zur *Insel Salamis* über (siehe die Karte auf S. 40). Es ist höchste Zeit. Bald erreichen die ersten Abteilungen der persischen Armee Athen; in der Nacht sehen die Athener auf Salamis hellen Feuerschein am Horizont: Die Perser stecken die Stadt in Brand und plündern sie.

Themistokles ist überzeugt, daß die Griechen der persischen Übermacht nur auf See widerstehen können. Und diese unvermeidliche Seeschlacht müssen sie an einer Stelle führen, wo sie selbst im Vorteil sind. Die Meerenge von Salamis scheint ihm sehr geeignet dafür: Hier auf dem engen Raum werden sich die zahlreichen persischen Schiffe gegenseitig behindern. Außerdem, so denkt Themistokles, werden die Matrosen und Soldaten hier mit besonders großem Mut kämpfen, um die auf die Insel geflüchteten Menschen zu retten.

Einige Flottenführer der verbündeten Stadtstaaten haben Bedenken gegen diesen Plan. Sie meinen, man sei der Übermacht der Perser nicht gewachsen und wollen absegeln, um lieber ihre eigene Küste zu schützen. Da greift Themistokles zu einer neuen List. Er läßt dem persischen König Xerxes, dem Sohn des Dareios, durch einen angeblichen Spion mitteilen, daß die griechische Flotte zu fliegen beginnt. Xerxes reagiert so wie es Themistokles erhofft hat: Er befiehlt den Angriff seiner Flotte.

### Der Sieg auf den Schiffen

Themistokles hatte sich nicht getäuscht. Als die persischen Schiffe im Morgengrauen des 29. September 480 in die enge Bucht vor Salamis einfuhren, da waren sie sich bald gegenseitig im Weg. An vielen Schiffen zerbrachen die Ruder, und sie konnten sich kaum noch fortbewegen. Wie Hornissen stürzten sich die griechischen Schiffe auf die schwerfällig gewordenen persischen Schiffe, rammten sie, steckten sie in Brand und versenkten bis zum Abend die Hälfte der feindlichen Flotte. Ein Augenzeuge berichtete: „Ich sah das Meer über und über mit Leichen bedeckt; man schlug auf die Menschen wie auf Thunfische ein, mit zerbrochenen Rudern und mit Stücken vom Schiffsholz."

Die Athener waren gerettet. Xerxes zog sich mit seinem riesigen Heer nach Asien zurück.

○ *Was habt ihr euch gemerkt? Bildet Gruppen. Jede Gruppe bespricht einen Abschnitt.*

# Athen gegen Sparta, Griechen gegen Griechen

**Aus Verbündeten werden Gegner**

Gemeinsam hatten sich griechische Stadtstaaten gegen die übermächtigen Perser verteidigen können, gemeinsam führten sie nach dem Sieg bei Salamis den Kampf fort. Denn nun ging es um die Befreiung der griechischen Städte Kleinasiens. Dazu wurde unter der Führung Athens ein neues Bündnis geschlossen: der *„Attische Seebund"*. Ihm gehörten schließlich 265 Städte an: Städte auf dem griechischen Festland, an den Küsten des Schwarzen Meeres und Kleinasiens sowie auf den Inseln des Ägäischen Meeres. Die Perser wurden aus den Küstengebieten Kleinasiens zurückgedrängt.

Obwohl der Attische Seebund sein Ziel erreicht hatte, wurde er nicht aufgelöst. Athen benützte ihn nun für eigene Zwecke.

Jeder der Bundesgenossen mußte einen jährlichen Beitrag in eine gemeinsame Kasse zahlen; diese *Bundeskasse* war zunächst auf der Insel Delos untergebracht. Als persische Schiffe die Insel bedrohten, wurde sie nach Athen geschafft. Nun verfügten die Athener über die Kasse, ohne den Bundesgenossen darüber Rechenschaft abzulegen. Mit diesem Geld vergrößerten sie ihre Kriegsflotte, um den eigenen Handel im östlichen Mittelmeer zu schützen; mit der starken Flotte konnten sie aber auch Bundesgenossen, die sich von Athen abwenden wollten, zum Gehorsam zwingen. Mit diesem Geld bezahlte Perikles auch den Ausbau der Akropolis und die Errichtung der „Langen Mauern" zwischen Athen und Piräus.

Das eigennützige und oft hochmütige Verhalten der Athener gegenüber ihren Verbündeten und gegenüber anderen Stadtstaaten erregten Mißtrauen und Feindschaft. So glaubten die Spartaner, Athen strebe die Herrschaft über ganz Griechenland an.

Aber die Athener dachten genauso von Sparta. Denn während Athen zur führenden Seemacht Griechenlands geworden war, hatte *Sparta* seine Stellung als mächtiger Stadtstaat ausgebaut und stand ebenfalls an der Spitze eines Bündnisses, des *Peloponnesischen Bundes*. Und außerdem unterstützte Sparta immer wieder Mitglieder des Attischen Seebundes, die mit Athen Schwierigkeiten hatten und dann in Sparta den Retter vor der athenischen Unterdrückung sahen.

So häuften sich die Auseinandersetzungen zwischen den griechischen Stadtstaaten. Vor allem Korinth bekämpfte erbittert Athen und drängte Sparta sowie die anderen Mitglieder des Peloponnesischen Bundes zum Krieg.

Du weißt inzwischen, wie Athen zur führenden Seemacht wurde und wie die Athener lebten. Wie aber sah es im Stadtstaat Sparta aus, dem mächtigen Rivalen Athens?

*Bronzestatue eines Spartiaten.*
*In einem Kampflied heißt es: „Denn zu sterben ist gut, in den ersten Reihen zu fallen / Für einen wackeren Mann kämpfend fürs Vaterland..."*
*Sparta war durch keine Mauer befestigt; dadurch sollte jedem Spartiaten bewußt sein, daß die Krieger die Stadt schützten.*

**Der Stadtstaat der Krieger**

Der Stadtstaat Sparta lag in einem fruchtbaren Tal im Süden der gebirgigen Halbinsel, die Peloponnes heißt. Der Boden war günstig für die Landwirtschaft, die Spartaner betrieben deshalb kaum Handel. Überhaupt schloß sich Sparta von den anderen griechischen Städten ab: Seine Bewohner durften sich nur in andere Städte begeben, wenn sie einen Auftrag auszuführen hatten, zum Beispiel also auf einem Kriegszug. Das spartanische Geld war aus Eisen, außerhalb des Stadtstaates konnte man damit nichts kaufen. Durch solche Regelungen sollte verhindert werden, daß die Bewohner Spartas eine andere Lebensweise als die eigene kennenlernten und danach verlangten. Denn in Sparta lebte man sehr einfach und hart, eben „spartanisch".

Die kleinste, aber wichtigste Bevölkerungsgruppe waren die *Spartiaten*. Sie waren Nachkommen der Krieger, die das Land einst erobert hatten. Es gab etwa 9000 Spartiaten. Jeder von ihnen besaß ein gleich großes Stück Land, dessen Erträge für den Unterhalt einer Familie ausreichten. Dieses Stück Land wurde von Sklaven bearbeitet, von denen es mindestens zehnmal so viele wie Spartiaten gab. Ein Spartiate durfte nicht arbeiten, denn er diente ganz dem Staat. Er lebte nach strengen Vorschriften. Dazu gehörte, daß er sich täglich im Waffengebrauch übte, um immer kriegsbereit zu sein; auch aß er nicht mit seiner Familie, sondern gemeinsam mit

*Der Peloponnesische Krieg.*
Da Athen den Truppen Spartas und seiner Verbündeten auf dem Land nicht gewachsen war, hatte Perikles den Plan, den Gegner mit der Flotte in einem langen Krieg zu zermürben (Zermürbungstaktik): Die gesamte Bevölkerung Attikas verschanzte sich in der befestigten Stadt und in Notquartieren zwischen den „Langen Mauern". Zwar verwüsteten die Spartaner Attika, doch die überlegene athenische Flotte verübte andauernd Überfälle an den Küsten der Peloponnes. Die Flotte sicherte auch die Versorgung Athens.
Doch dieser Plan scheiterte schon im zweiten Kriegsjahr: Bei den Athenern brach die Pest aus. Fast 100 000 Athener starben, auch Perikles.

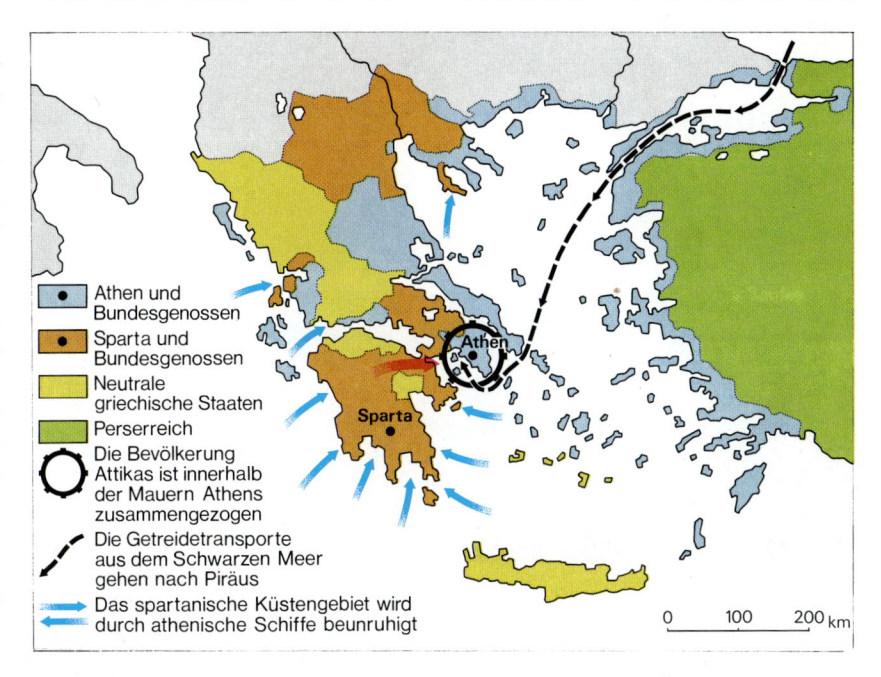

Legende:
- Athen und Bundesgenossen
- Sparta und Bundesgenossen
- Neutrale griechische Staaten
- Perserreich
- Die Bevölkerung Attikas ist innerhalb der Mauern Athens zusammengezogen
- Die Getreidetransporte aus dem Schwarzen Meer gehen nach Piräus
- Das spartanische Küstengebiet wird durch athenische Schiffe beunruhigt

anderen Spartiaten. An der Spitze des Staates standen gleichzeitig *zwei Könige*, die als Feldherren auf Lebenszeit das Heer befehligten. Der *Volksversammlung* gehörten nur die Spartiaten an; sie wählte jährlich fünf „Aufseher" für den Stadtstaat.
Die einfache Lebensweise und die ständige Kriegsbereitschaft machten das spartanische Heer zur stärksten Armee in Griechenland. Sparta eroberte nach und nach die ganze südliche Peloponnes. Sein Heer galt als unbesiegbar.

### Eine folgenschwere Entscheidung

Athen im Herbst 432. Eine Gesandtschaft Spartas befindet sich in der Stadt.
Was war geschehen? Athen hatte Grenzstreitigkeiten mit der Stadt Megara, einem Mitglied des Peloponnesischen Bundes. Und nun hatte es über Megara eine Handelssperre verhängt, das hieß, daß die Bewohner Megaras an keinem Ort im Bereich des Attischen Seebundes etwas kaufen oder verkaufen konnten.
Die Botschaft der Spartaner an Athen: Nach der Meinung der spartanischen Volksversammlung und der Mitgliederversammlung des Peloponnesischen Bundes hat Athen durch sein Verhalten den Frieden gebrochen. Das bedeutet Krieg, wenn Athen nicht einige Forderungen erfüllt, vor allem die Aufhebung der Handelssperre gegen Megara. „Sparta will den Frieden", haben die Abgesandten noch gesagt, „den könnt ihr haben, wenn ihr aufhört, über andere Stadtstaaten herrschen zu wollen."
Auf dem weiten Markt Athens bilden sich Gruppen von Bürgern. Wie soll Athen reagieren? Die Ansichten sind geteilt. Die einen meinen, Athen brauche einen Krieg nicht zu fürchten, man werde es den Spartanern und ihren Freunden schon zeigen; andere sagen, die Handelssperre gegen Megara sei eine Kleinigkeit, daran dürfe der Friede nicht scheitern, und sie müsse deshalb aufgehoben werden. Und immer wieder wird gefragt: „Und was meint Perikles?"
Das erfahren die Bürger in der Volksversammlung, die ja über die Antwort Athens an die Gesandtschaft Spartas zu entscheiden hat. Der wichtigste Mann der Stadt erklärt: „Wir dürfen nicht nachgeben. Die Spartaner haben schon lange böse Absichten; wenn wir jetzt nachgeben, werden sie immer mehr verlangen. Wir müssen ihnen die Zähne zeigen. Außerdem können wir damit rechnen, diesen Krieg zu gewinnen. Denn die anderen haben nicht genug Geld, nicht genug Schiffe, und sie sind lange Kriege fern der Heimat nicht gewöhnt. Unsere Väter haben es mit den Persern aufgenommen, obwohl Athen damals nicht so reich und mächtig war wie heute. Wir wollen es machen wie sie."
Die Mehrheit in der Volksversammlung stimmt Perikles zu. Den Abgesandten Spartas wird mitgeteilt, daß sich die Athener nichts von ihnen befehlen ließen.

Wenige Monate später, im Frühjahr 431, begann der Krieg der Griechen gegen Griechen. In den Geschichtsbüchern heißt er der *„Peloponnesische Krieg"*. Er dauerte fast 30 Jahre. Am Ende siegten die Spartaner mit persischer Hilfe. Die Athener mußten fast alle Schiffe ausliefern und die „Langen Mauern" einreißen. Der Attische Seebund wurde aufgelöst. Der Stadtstaat Athen war nur noch einer unter den vielen Stadtstaaten Griechenlands.

*1. Warum kam es zum Krieg der Griechen gegen Griechen?*
*2. Wie denkst du über die Entscheidung Athens im Herbst 432?*

# Das Vorbild der Griechen in Kunst und Wissenschaft

## Bewundert und nachgeahmt: Griechenlands Künstler und Dichter

Das Gebäude auf der Abbildung oben ist fast ein moderner Bau: Erst vor etwa 150 Jahren ließ ihn der bayerische König Ludwig I. 10 km östlich von Regensburg, am Hang des Donautales, erbauen. Es ist die *Walhalla*, ein Marmortempel, in dem nach dem Willen dieses Königs die Büsten bedeutender deutscher Männer und Frauen stehen.

Der Architekt der Walhalla hatte den Auftrag, den Parthenon-Tempel des alten Athen nachzubilden. Das war nicht außergewöhnlich, denn die *Tempelbauten der Griechen* galten schon immer als vorbildlich und wurden oft nachgeahmt. Weitere Beispiele sind die Ruhmeshalle auf der Theresienhöhe und die Gebäude des Königsplatzes in München, das Parlamentsgebäude in Österreichs Hauptstadt Wien, das Weiße Haus — der Amtssitz des amerikanischen Präsidenten in Washington.

Bewundert von den Zeitgenossen und von fast allen Völkern bis heute wurden auch die *Werke der griechischen Bildhauer.* In den verschiedensten Situationen und Tätigkeiten stellten sie den Menschen dar; und immer wollten sie ihn in vollkommener Schönheit zeigen. Auch als die griechischen Stadtstaaten längst ihre Unabhängigkeit verloren hatten, schufen griechische Künstler im Auftrag der neuen Herrscher noch Meisterwerke — so die Darstellung eines Sportlers rechts unten und die Statuen auf der nächsten Seite.

Schriftsteller unserer Zeit verwenden die Personen und Ereignisse der *griechischen Sagen* für neue Theater- und Musikstücke. Diese Sagen erzählen von Göttern und Helden der Griechen. Die Menschen im alten Griechenland kannten sie sehr genau — vom Erzählen, aus vielen Theaterstücken und aus Texten, die der griechische Dichter *Homer* um 800 v. Chr. niedergeschrieben haben soll.

Homer erzählt von dem langen Krieg der Griechen gegen Troja und von der abenteuerlichen Irrfahrt des Odysseus. Er schildert immer wieder, wie die Götter in das Leben und Tun der Menschen eingreifen. So zum Beispiel in der Geschichte vom schrecklichen Ende der Stadt Troja.

*a) Welche Sportler stellen die beiden Statuen dar?*
*b) In welchem Augenblick des Wettkampfes werden sie gezeigt?*

**Die Sage vom „trojanischen Pferd"**

An diesem Morgen trauen die Einwohner der Stadt Troja ihren Augen nicht: Das riesige Heerlager zwischen dem nahen Meeresstrand und den Mauern ihrer Stadt liegt verlassen da, die Zelte sind niedergebrannt, weit und breit ist kein Mensch zu sehen. Ist das griechische Heer, das zehn Jahre lang ihre Stadt belagert und über sie Hunger, Krankheit und Tod gebracht hat, wirklich abgezogen? Zögernd verlassen die Mutigsten die schützenden Mauern. Als sich nichts ereignet, als kein einziger griechischer Krieger auftaucht, da drängen die Menschen jubelnd aus der Stadt. Der Krieg ist zu Ende! Troja ist gerettet!

Unten am Strand sammeln sich viele Trojaner. Sie bestaunen ein turmhohes Ungetüm: ein hölzernes Pferd. Warum haben die Griechen dieses Pferd zurückgelassen, warum haben sie es nicht zerstört wie ihre Zelte und die anderen Lagereinrichtungen? Einige Männer rufen nach Fackeln, sie wollen auch diesen letzten Rest des feindlichen Heerlagers verbrennen. „Nein! Das wird unser Siegesdenkmal! Wir schaffen das Pferd in die Stadt und stellen es auf der Burg auf", ruft da ein Trojaner, und viele in der dichtgedrängten Menge stimmen begeistert zu.

Eine laute, beschwörende Stimme ist nun zu hören. Es ist Laokoon, der von allen geachtete Priester des Gottes Apollon: „Trojaner! Seid ihr verrückt geworden? Traut diesem hölzernen Pferd nicht! Sicher birgt es irgendeine Gefahr in sich, vielleicht eine heimtückische Kriegsmaschine!" Und Laokoon entreißt einem Krieger die lange Lanze, schleudert sie in den Bauch des riesigen Pferdes. Der Schaft zittert, dunkel hallt der Holzkörper, aber ist aus dem Inneren nicht auch so etwas wie das Klirren von Waffen zu hören?

Doch niemand achtet darauf, denn irgendeiner schreit: „Ein Gefangener! Ein Gefangener!" Ein junger Mann, ohne Waffen, völlig verdreckt und mit wirren Haaren wird herbeigeführt. Er beschwört die Trojaner, ihm Zuflucht zu gewähren. Die Griechen hätten ihn den Göttern opfern wollen, um günstigen Wind für die Heimfahrt zu bekommen. Er aber habe entfliehen und sich verstecken können.

Nach dem Zweck des hölzernen Pferdes befragt, antwortet der Gefangene: „Das ist ein Geschenk für die Göttin Athena. Es wurde so groß gebaut, damit ihr es nicht durch die Stadttore ziehen könnt, denn dann würde Athena ja euch beschützen. Die Griechen hoffen, daß ihr dieses heilige Pferd zerstört, und dann wird sich die Göttin dafür an euch rächen."

Nochmals erhebt Laokoon seine warnende Stimme. Und nun geschieht etwas Schreckliches: Aus dem Meer tauchen züngelnd und zischend zwei riesige Schlangen auf. In panischer Angst fliehen die Trojaner nach allen Seiten, doch die Schlangen beachten keinen der Fliehenden — sie greifen den Priester Laokoon und dessen zwei Söhne an. Vergeblich versuchen der Vater und die beiden Jungen

*Ein kostbarer Fund sind diese Statuen, die man vor fast 500 Jahren zufällig in Rom fand: Beim Abtragen alter Mauerreste in einem Weingut kamen sie zum Vorschein. Der Finder wußte sofort, was sie darstellen, denn zu jener Zeit beschäftigte man sich viel mit den Sagen der Griechen.*

○ *Wenn du die Geschichte vom Ende Trojas gelesen hast, kannst auch du sagen, wen und welches Ereignis die Statuen darstellen.*

sich aus den tödlichen Umschlingungen zu befreien. Ein Zeichen der Götter! Nun gibt es kein Zögern mehr. Eine Gruppe von Trojanern schlägt eine große Öffnung in die Stadtmauer, andere holen Rollen herbei, und das hölzerne Pferd wird in die Stadt gebracht.

Den ganzen Tag, bis in die Nacht hinein feiern die Trojaner ihre Rettung. Doch als ganz Troja endlich in tiefem Schlaf liegt, öffnet sich langsam der Bauch des riesigen Pferdes. Eine Schar schwerbewaffneter Griechen klettert an Seilen hinab, schleicht durch die Straßen der Stadt, tötet die wenigen Wachen und setzt immer wieder Häuser in Brand. Durch die Öffnung in der Stadtmauer dringen weitere Krieger in die Stadt ein — das griechische Heer ist zurückgekehrt.

Als der neue Tag anbricht, sind die meisten Trojaner tot. Manche werden von den Griechen als Sklaven mitgenommen, nur wenige können entfliehen. Die Stadt Troja gibt es nicht mehr.

# Die Griechen verändern das Denken der Menschen

### Die Götter bewirken alles

Lange Zeit glaubten die Griechen, daß die Götter immer wieder ihren heiligen Bezirk, den schneebedeckten Gipfel des Berges Olymp, verließen und zu den Menschen gingen. Sie glaubten auch, daß die Götter sich in alles einmischten, was auf der Erde geschah. Wenn die Bäume des Waldes rauschten, wenn die Wellen des Meeres tobten, dann galt das vielen als die Sprache der Götter.

Auch die meisten Krankheiten führte man zunächst auf das Einwirken eines Gottes zurück. Litt ein Kranker zum Beispiel an der Gastritis — einer Entzündung der Magenschleimhaut, die auf falsche Ernährung zurückgehen kann —, dann wurde darin ein Fluch des Gottes Apollon gesehen. Denn zu den Anzeichen der Gastritis kann Durchfall gehören: Dieser Durchfall erinnerte den gläubigen Griechen an die flüssige Ausscheidung der Schwalben, der heiligen Vögel Apollons.

Wenn aber ein Gott die Krankheit geschickt hatte, dann konnte er den Kranken auch heilen. So pilgerten die Griechen zu den Tempeln Apollons und der anderen Götter, erflehten Genesung für sich oder ihre Angehörigen und weihten dem Gott ein Geschenk, wenn sie erhört wurden.

### In den Heiligtümern des Asklepios

Unter den vielen Göttern gab es einen Spezialisten für die Heilung aller Krankheiten, den Heilgott Asklepios. Dieser Asklepios war, so erzählten sich die Griechen, ein Sohn Apollons und hatte zunächst unter den Menschen gelebt. Ein Kentaur — das waren in der Vorstellung der Griechen wilde Wesen, halb Mensch, halb Pferd, die in den Gebirgswäldern hausten — unterwies ihn in der Heilkunst. Als dann Asklepios einen Toten wiedererweckte, verstieß er gegen ein Gesetz der Natur. Deshalb tötete ihn Zeus, der oberste der Götter, mit seinem Blitz. Asklepios wurde nun, als Sohn eines Gottes, in die Schar der Götter aufgenommen, die Menschen erbauten ihm Tempel, und bald verbreiteten sich die Nachrichten von wunderbaren Heilungen.

In Wirklichkeit waren die Heiligtümer des Asklepios so etwas wie Krankenhäuser. Dort übten die Priester die Heilkunst aus wie ein Handwerk, bei dem bestimmte Regeln zu befolgen waren. Geräte und Werkzeuge, die bei Ausgrabungen gefunden wurden, erlauben die Schlußfolgerung, daß die Priester des Asklepios bereits Operationen durchgeführt haben.

Zu den Regeln ihres Handwerkes gehörten bald auch die Grundsätze, die der berühmte Arzt Hippokrates um 420 v. Chr. niedergeschrieben hat.

*Statue des Asklepios aus dem Heiligtum in Epidauros, südwestlich von Athen. Asklepios war im Glauben der Griechen ein weiser und gütiger Gott. Später wurde er auch von den Römern unter dem Namen Äskulap verehrt. Sein heiliges Tier war die Schlange.*

*Der Stab des Äskulap mit der Schlange ist noch heute das Zeichen der Ärzte, die es oft auf ihr Auto kleben — als Zeichen der Hilfsbereitschaft im Notfall.*

### Hippokrates: Die Krankheiten haben natürliche Ursachen

Q Vor allem bei einer Geisteskrankheit sahen selbst noch viele Heilpriester die Ursache in einem Fluch der Götter. Sie nannten sie deshalb die „heilige Krankheit". Hippokrates schreibt dazu:

„Ich meine, daß die Menschen, die diese Krankheit für heilig erklärt haben, den Zauberern und Schwindlern ähnlich sind: Sie tun so, als ob sie ganz besonders gottesfürchtig wären und als ob sie mehr wüßten als andere Menschen. In Wirklichkeit nennen sie einen Gott als Ursache, damit sie nicht als Menschen entlarvt werden, die überhaupt nichts wissen. Dem Kranken sagen sie: Du darfst nicht baden und du darfst kein schwarzes Kleid tra-

*In einem Heiligtum des Asklepios.*
*Das Steinrelief zeigt einen Heilpriester bei der Behandlung einer Kranken; links eine Pflegerin.*
*Die Behandlungen fanden oft nachts statt. Die Patienten schliefen, vielleicht bekamen sie Betäubungsmittel. Viele Patienten glaubten, daß während des Schlafes der Gott selbst kam, um sie zu heilen.*

gen, denn schwarz ist die Farbe des Todes; du darfst auch nicht in einem Ziegenfell schlafen, du darfst nicht einen Fuß vor den anderen setzen und du darfst nicht eine Hand auf die andere legen.
Wenn aber zum Beispiel ein schwarzes Kleid die Krankheit verschlimmern kann, oder wenn man die Krankheit heilen kann, indem man das schwarze Kleid nicht trägt, dann ist es dieses schwarze Kleid, das dem Kranken schadet oder ihn gesund macht. Dann kann nicht ein Gott die Ursache der Krankheit sein.
Die Krankheiten haben also natürliche Ursachen. Und die meisten Krankheiten sind heilbar, wenn der Arzt diese Ursachen kennt: Er kann so den richtigen Zeitpunkt für jede Maßnahme finden, er kann mit seiner Maßnahme das Gesunde im Körper unterstützen und das Kranke im Körper vermindern." (6)

*a) Weshalb nennt Hippokrates manche Ärzte Zauberer und Schwindler?*
*b) Was muß nach Hippokrates ein Arzt bei jeder Krankheit beachten?*

Hippokrates sah die Tätigkeit des Arztes als Dienst an den kranken Menschen. Auch die Ärzte unserer Zeit legen den *Eid des Hippokrates* ab: Sie verpflichten sich dadurch zu höchster Fürsorge für jeden Patienten, zum Schweigen über seine Krankheit gegenüber Dritten und dazu, bei der Bezahlung auf die finanziellen Möglichkeiten des Patienten Rücksicht zu nehmen.

## Das wissenschaftliche Forschen beginnt

Mit seinen Grundsätzen begründete Hippokrates die *Wissenschaft* von der Medizin. Darunter verstehen wir das Bemühen, zunächst geheimnisvolle Erscheinungen oder Vorgänge im Leben der Menschen und in der Natur mit dem Verstand zu erklären.
Dieses wissenschaftliche Forschen begann vor allem in Athen zur Zeit des Perikles. Aus ganz Griechenland kamen solche Forscher — man nannte sie damals *„Philosophen"*, was soviel bedeutet wie „Freunde des Wissens und der Weisheit" — nach Athen, weil man dort über alle Fragen diskutieren konnte. Und sie gewannen neue Erkenntnisse, die teilweise auch heute noch gültig sind. Der Philosoph Anaxagoras lehrte, daß die Sonne keine Gottheit, sondern eine glühende Masse und daß der Mond eine „andere Erde" sei; Demokrit, ein anderer Philosoph, fand heraus, daß alles in der Natur aus kleinsten Bausteinen besteht, die er „Atome" nannte.
Später, nach der Zeit des Perikles, entdeckten andere Griechen, daß die Erde eine Kugelgestalt hat und sich auf einer Bahn um die Sonne bewegt; oder daß es im menschlichen Körper unzählige Nerven sowie Großhirn und Kleinhirn gibt. Und als ein Grieche den Umfang der Erde berechnete, da stimmte sein Ergebnis fast mit unseren heutigen Erkenntnissen überein: Er irrte sich nur um 26 km.

*1. Erkläre am Beispiel der Heilkunst, welche Veränderung im Denken der Griechen eintritt.*
*2. Was fanden die Griechen über die Welt heraus?*

# Wenn du mehr erfahren und wissen willst

Du erinnerst dich sicher an die Sage vom „trojanischen Pferd". Vielleicht möchtest du wissen, wer eigentlich der Gefangene war, der von den Trojanern Hilfe erbat und der dazu beitrug, daß das hölzerne Pferd in die Stadt gezogen wurde? Und wie waren die Griechen auf diesen listigen Plan gekommen? Die Antwort darauf und viele andere Geschichten findest du in den „*Griechischen Sagen*". Eine spannend geschriebene Ausgabe dieser Sagen ist als Taschenbuch erschienen:

○ **Griechische Sagen,** dtv Nr. 7904

In diesem Buch kannst du den griechischen Helden begegnen, zum Beispiel dem starken Herakles, dem unbesiegbaren Achilles und seinem tapferen Gegner Hektor — einem Sohn des Königs von Troja —, dem listigen Odysseus, Jason, Perseus, Theseus . . .

Was ist wahr an den Sagen? Vor etwas mehr als 100 Jahren glaubte ein Mann fest daran, daß die von Homer niedergeschriebenen Geschichten wirkliche Ereignisse erzählen. Er hieß *Heinrich Schliemann.* Das Leben dieses Mannes selbst ist schon eine außergewöhnliche Geschichte:

„An einem trüben Herbsttag des Jahres 1868 schiffte sich der deutsche Großkaufmann Heinrich Schliemann von Genua aus nach Griechenland ein. Er wollte dort jedoch keine Geschäfte machen und seinem in Rußland und Skandinavien erworbenen Vermögen weitere Reichtümer hinzufügen — im Gegenteil: Er hatte sich vom armen Lehrling zum Handelsherrn hochgedient und dabei genug Geld verdient, um sich einen Jugendtraum erfüllen zu können. Und nun war es soweit: Er fuhr nach Süden, um Troja zu finden . . .

Als Schliemann neun Jahre alt war, hatte sein Vater ihm oft aus Märchen- und Sagenbüchern vorgelesen. Der Knabe hörte von Riesen und Zwergen, von Hagen und Siegfried und schließlich auch vom Kampf um Troja, wie ihn der griechische Dichter Homer gegen Ende des 8. Jahrhunderts v. Chr. in den 24 Gesängen seiner ‚Ilias' beschrieben hatte . . . Dem jungen Heinrich wollte es damals nicht einleuchten, daß Homer all diese Geschichten von Achilles und Hektor, von Paris und der schönen Helena nur einfach erfunden haben sollte; daß niemand wußte, wo das alte Troja einst gelegen hat, ja, daß bei den Altertumsforschern sogar lebhafte Zweifel bestanden, ob es dieses Troja überhaupt je gegeben hatte. ‚Wenn ich groß bin', sagte der Junge, ‚dann werde ich Troja finden — das schwöre ich.' Und nun zog er aus, diesen Schwur einzulösen . . .

Schliemann benutzte die ‚Ilias' nicht als Sagenbuch, sondern Wort für Wort als Reiseführer."

Er fand auf diese Art tatsächlich den Ort, wo Troja einst gestanden hatte. Unter seiner Leitung wurden Troja und später noch andere Städte des alten Griechenland ausgegraben.

Von Schliemann, seinen Ausgrabungen und vom Leben der Griechen im Altertum erfährst du viel Interessantes in:

○ **Die Alten Griechen** von H. Reichardt, Tesslow Verlag, Hamburg. Der Text über Schliemann und die nebenstehende Abbildung stammen aus diesem Buch.

Zum Schluß noch zwei lesenswerte Bücher über Ereignisse, von denen du im Geschichtsunterricht gehört hast:

○ **Entscheidung bei Salamis** von W. Mondfeld, Arena Verlag, Würzburg

○ **Wettkampf in Olympia** von R. Sutcliff, Hörnemann Verlag, Bonn

# Das Römische Weltreich

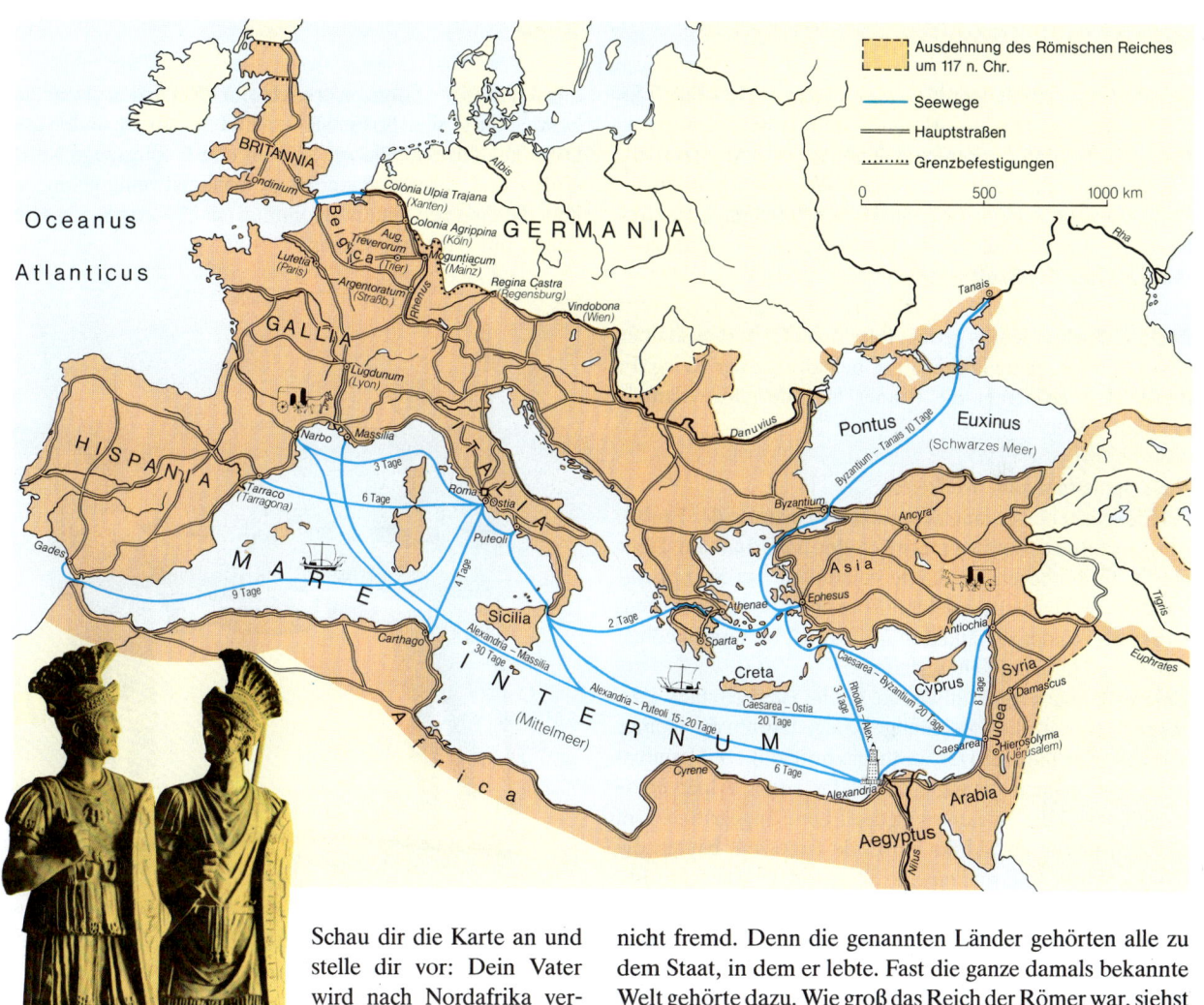

Schau dir die Karte an und stelle dir vor: Dein Vater wird nach Nordafrika versetzt. Ein Onkel hat geschäftlich in England zu tun, ein anderer in Südrußland an der Nordküste des Schwarzen Meeres. Ein Nachbar kommt aus Spanien, und nebenan wohnt ein Ägypter. Ein Freund — er ist Soldat — schimpft, daß er bald weit nach Osten an die persische Grenze muß ...
Für einen Römer vor 2000 Jahren war diese Vorstellung nicht fremd. Denn die genannten Länder gehörten alle zu dem Staat, in dem er lebte. Fast die ganze damals bekannte Welt gehörte dazu. Wie groß das Reich der Römer war, siehst du, wenn du unsere Bundesrepublik danebenstellst.
Wie ist dieses Riesenreich entstanden? Woran lag es, daß es nicht gleich wieder zerfiel, sondern viele Jahrhunderte überdauerte? Hatten alle Menschen, die in ihm lebten, Grund zur Zufriedenheit? Wie lebten sie überhaupt? Was blieb vom Reich der Römer? Viele Fragen — auf die du auf den folgenden Seiten Antwort findest. Und noch eine Menge andere Dinge können dir klarwerden: Unsere eigene Geschichte sähe ganz anders aus ohne die Römer und ihr Weltreich.

# Ein großes Reich und seine Probleme

## Die Römer erobern die Welt und verlieren die Freiheit

Wie die Sage erzählt, wurde die Stadt Rom um das Jahr 753 v. Chr. von zwei Brüdern, Romulus und Remus, gegründet. Diese führten ihre Herkunft auf den Kriegsgott Mars zurück. Als kleine Kinder waren sie in einem Weidenkorb im Tiberfluß ausgesetzt worden, und eine Wölfin, das heilige Tier des Mars, hatte sie geschützt und genährt. Die Wölfin wurde zum Wahrzeichen der Stadt Rom.

Daß sie vom Kriegsgott abstammten, dafür war den Römern ihre Geschichte Beweis genug: Bis Christi Geburt, also über siebenhundert Jahre lang, gab es beinahe *immer Krieg*. In dieser Zeit eroberten die Römer fast die ganze damals bekannte Welt.

### Vom Stadtstaat zum Weltreich

Auf der Kartenleiste unten kannst du die Schritte der Eroberung verfolgen: Zuerst mußte sich der *Stadtstaat* am Tiber gegen die umliegenden Städte behaupten. Im Kampf mit feindlichen Nachbarn, welche Rom mehrmals zerstörten, faßten die Römer allmählich in *Italien* Fuß, bis sie schließlich die ganze Halbinsel beherrschten.

Eine mächtige Gegnerin war die reiche Handelsstadt *Karthago* in Nordafrika. Drei blutige Kriege führten die Römer mit den Karthagern. Der karthagische Feldherr Hannibal hatte von Spanien aus sogar mit Elefanten die Alpen überschritten und die Römer im eigenen Land angegriffen. Um der Bedrohung aus Afrika ein Ende zu setzen, bauten die Römer Schiffe und stellten eine *Seemacht* auf. Im Jahre 146 v. Chr. fiel die Stadt Karthago und wurde völlig zerstört. Die Römer waren damit die unumstrittenen Herren des *westlichen Mittelmeers*. Nicht nur Sicherheit hatten sie gewonnen, sondern auch unermeßliche Beute.

Aber die römische Macht breitete sich weiter aus. Um Christi Geburt beherrschten die Römer ein *Weltreich*. Es hatte sozusagen natürliche Grenzen erreicht: im Westen den Ozean, im Norden die großen Ströme Rhein und Donau, im Süden und Osten die unzugänglichen Wüsten und Gebirgszüge Nordafrikas und Asiens. Später ist es wohl zeitweilig gelungen, über die Grenzen hinauszukommen (siehe Karte S. 55), aber immer nur auf kurze Dauer.

*Diese Figurengruppe zeigt zwei römische Krieger, die einen Kameraden tragen, der im Kampf gefallen ist.*

○ *Warum gehörte ein solcher Anblick wohl zum Alltagsleben der Römer?*

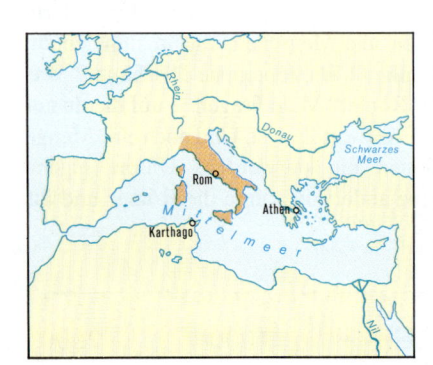

*Das Römische Reich: um 250 v. Chr.* 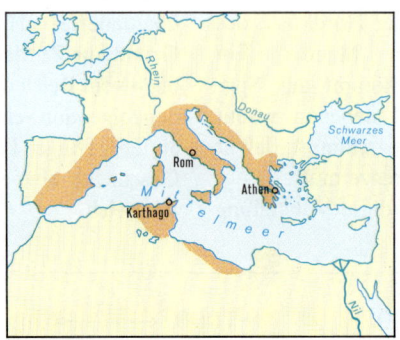     *um 130 v. Chr.* 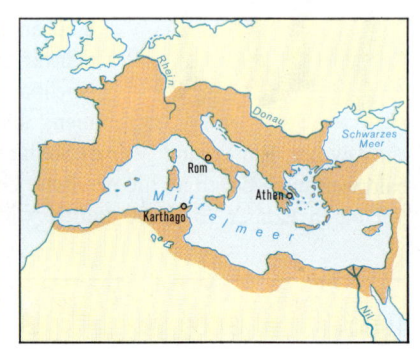     *um Christi Geburt*

## Der Weg in den Bürgerkrieg

Am Anfang bestand das römische Heer aus Männern, die zugleich *Krieger und Bauern* waren. Sie wohnten in der Stadt und bebauten die Felder vor den Toren. Wenn der Feind drohte, griffen sie zu den Waffen und kämpften. Die waffenfähigen Männer waren auch diejenigen, die in der *Volksversammlung* Stimmrecht hatten und in den wichtigen Angelegenheiten des Staates mitentscheiden konnten.

Je weiter sich jedoch die römische Macht ausdehnte, desto länger dauerten die Kriege. Immer länger waren die Männer abwesend. Sie fehlten zur Feldarbeit und bei der Ernte. Die zurückgebliebene Familie mußte bei Wucherern Geld ausleihen, um Pacht, Saatgut und Lebensmittel zu bezahlen. Wenn kein Geld für die Zinsen da war, wurde der Hof gepfändet und die Familie vertrieben. Kam dann der Mann aus dem siegreichen Krieg zurück, so mußte er erkennen, daß er kein freier Bauer mehr war. Zu Recht sagte man damals: „Die Tiere, die in Italien leben, haben jedes eine Höhle. Die Männer aber, die für Italien kämpfen, haben an nichts Anteil als an Luft und Licht. Sie heißen Herren der Welt und haben nicht eine Scholle zu eigen."

Von der reichen Beute der Eroberungskriege hatten nur wenige Römer Gewinn. Die große Masse verarmte immer mehr, viele hausten arbeitslos in der Stadt. Um zu überleben, waren sie auf staatliche Getreidespenden angewiesen.

So konnte es nicht weitergehen. Außerdem brauchte die riesige römische Heeresmacht immer mehr Menschen. Viele Männer waren nun bereit, sich für Geld auf Dauer als Soldat zu verpflichten. Das Heer wurde eine Armee von *Berufssoldaten*. Diese kämpften nun aber hauptsächlich für ihren General. Er hatte sie angeworben, er bezahlte sie. Ihn kannten sie. Und er versprach ihnen nach einer Dienstzeit von 25 Jahren ein Stück Land zur Ansiedlung.

So wurden die *Generäle* immer mächtiger, je größer das Reich wurde. Die Volksversammlung hatte kaum noch Einfluß, weil die verarmten Bürger ihre Stimme oft verkauften — dem, der am meisten dafür bezahlte. Entscheidend war der Wille der Generäle, die ihre Absichten auch mit Waffengewalt durchsetzen konnten und gegeneinander um die Macht im Staate kämpften. Es herrschte Krieg — nicht gegen äußere Feinde, sondern unter den Römern selbst. Es herrschte *Bürgerkrieg*.

## Cäsar: Ein General wird Alleinherrscher

An *Gaius Julius Cäsar* erinnert noch unser Monatsname Juli. Cäsar war der berühmteste General der Römer. Im Jahre 100 v. Chr. wurde er geboren. Er war ein vielseitiger Mann: ein guter Sportler, ein ausgezeichneter Redner und Schriftsteller, ein kluger Politiker, vor allem aber ein überragender Feldherr.

Innerhalb eines Jahrzehnts eroberte er ganz Gallien, das heutige Frankreich. Er führte seine Truppen von Sieg zu Sieg. Gemeinsam überstand man Gefahren und machte große Beute. Seine Soldaten waren ihm treu ergeben.

*Gaius Julius Cäsar (100—44 v. Chr.)*

Das zeigte sich im Jahre 49 v. Chr. bei der Auseinandersetzung mit seinem mächtigsten Gegner, dem General Pompeius. Hinter Pompeius stand damals die Regierung des römischen Staats. Cäsar wurde aufgefordert, sein Heer aufzulösen und die Soldaten zu entlassen. Er verweigerte den Gehorsam und führte seine Truppen nach Rom. Bevor er über den kleinen Fluß Rubikon in Norditalien setzte, um die Hauptstadt zu erobern, versammelte er seine Soldaten und sagte ungefähr folgendes:

„Mir geschieht Unrecht. Pompeius ist neidisch auf mich. Zusammen mit denen, die jetzt in Rom regieren, will er mich fertigmachen. Ich war neun Jahre euer General, und es ging euch nicht schlecht dabei: Ganz Gallien war unsere Beute. Laßt also euren Feldherrn nicht im Stich und schützt mich vor meinen Feinden!"

Beifällig nickten die Soldaten und folgten ihm. Schon längst waren sie *seine* Soldaten, nicht die Soldaten Roms. Cäsar gewann den Bürgerkrieg.

Über das Volk der Römer, das die Welt erobert hatte, bestimmte nun ein einziger. Der freie Staat, die Republik war dahin. Am 15. März des Jahres 44 v. Chr. wurde Cäsar jedoch von Verschwörern ermordet. 25 Messerstiche trafen ihn.

*1. Nenne die verschiedenen Stufen der Entwicklung Roms vom Stadtstaat zum Weltreich.*
*2. Warum folgten die Soldaten dem General Cäsar und nicht der römischen Regierung?*
*3. Warum kann man sagen, daß die Römer die Freiheit verloren, obwohl sie die Welt eroberten?*

# Augustus: Der Kaiser ordnet das Reich

Der Alleinherrscher Cäsar wurde ermordet. Die Verschwörer glaubten, durch diese Tat den freien Staat, die *Republik* wiederherzustellen. Sie täuschten sich aber. Der Tod Cäsars bedeutete nur, daß der *Bürgerkrieg* von neuem ausbrach. Ungefähr 15 Jahre dauerte er, dann hatte der Neffe Cäsars die Macht im Staate endgültig an sich gebracht. Dieser neue Alleinherrscher ist unter dem Namen *Augustus* in die Geschichte eingegangen; auch nach ihm ist ein Monat benannt.

## Roms mächtigster Mann

Augustus hatte aus dem Tod Cäsars gelernt. Klug versteckte er seine Macht. Er nannte sich den *„ersten Bürger"* und tat so, als sei er auf den guten Rat und die Zustimmung anderer Leute angewiesen. Er ließ zu, daß man andere Männer zu Konsuln wählte — so hießen nämlich die Oberhäupter der Republik. Den größten Einfluß hatten früher die Senatoren ausgeübt, die Häupter der großen adeligen Familien. Augustus behandelte sie mit größter Ehrerbietung; er stand auf, wenn sie den Saal betraten, und ließ sie nicht spüren, daß sie eigentlich nichts mehr zu sagen hatten.

*Die Macht hatte Augustus allein.* Er war *Oberbefehlshaber der Armee.* Die wichtigsten Teile des Reichs hatte er seiner persönlichen Leitung unterstellt. So hatte er die *Versorgung der Hauptstadt* mit Lebensmitteln in der Hand; von ihm hing es ab, daß genügend Getreide angeliefert wurde. Dauernd besaß er auch die Gewalt eines *Volkstribunen.* Ein Volkstribun sollte die Interessen der einfachen Bürger vertreten und sie vor ungerechter Behandlung durch Beamte schützen. Der Einspruch eines Volkstribunen konnte jede staatliche Maßnahme verhindern: Nichts ging dann mehr. Oberbefehl über die Armee, Getreideversorgung und die alles lahmlegende Macht eines Volkstribunen — wer dies alles in der Hand hatte, der konnte in Rom alles machen.

Schon im Bürgerkrieg hatte Augustus den Namen seines Onkels angenommen und nannte sich auch Cäsar. Dieser Name wurde freilich damals noch anders ausgesprochen: „kaisar". Fortan diente das Wort zur Bezeichnung der überragenden Stellung des *Herrschers.*

## Das Werk des Kaisers: Eine Ordnung für den Frieden

Mit Augustus beginnt die *Kaiserzeit.* Die römischen Bürger konnten nun nicht mehr im Staate mitentscheiden, wie das früher einmal möglich gewesen war. Sehr viele Menschen trauerten aber der verlorenen Freiheit nicht nach. Vor allem fürchteten sie einen neuen Bürgerkrieg und fügten sich dem starken Mann, der nach außen und innen den *Frieden* garantieren konnte und im Inneren des Staates *Ordnung* schaffte.

*Kaiser Augustus*

Anders als viele seiner Nachfolger nutzte Augustus seine Macht zum Guten.

Er gab sich alle Mühe, das Land, das unter den Bürgerkriegen sehr gelitten hatte, wieder aufzubauen. Vor allem ordnete er die *Verwaltung* neu: Die wichtigen *Beamten* in der Hauptstadt und den anderen Teilen des Reichs, den sogenannten *Provinzen*, wurden nun vom Kaiser eingesetzt. Sie waren ihm persönlich verantwortlich. Früher hatte man die Beamten jedes Jahr neu gewählt; doch diese kamen oft nur durch Geldgeschenke zu ihrem Posten. Ihre Stellung nützten sie dann dazu, das Geld wieder hereinzubekommen und noch reicher zu werden. Besonders die Provinzen hatten deshalb oft unter der Habgier der Beamten gelitten. Augustus schaffte hier Besserung. Durch Gesetze gegen übertriebenen

Luxus und Ehebruch versuchte er auch, *gegen schlechte Lebensgewohnheiten* und *Sitten* der Römer vorzugehen.

In seiner Regierungszeit veranstaltete Augustus mehrere *Volkszählungen*. Über 4 Millionen römischer Bürger gab es damals im ganzen Reich. Das war allerdings nur der kleinere Teil der Bevölkerung. Denn nicht alle freien Leute waren auch römische Bürger, die besondere Rechte hatten. Familienangehörige und Sklaven wurden überhaupt nicht mitgezählt. So kann man die Gesamtzahl nur schätzen: Möglicherweise waren es etwa 50 Millionen im ganzen Riesenreich. Damals war das eine ungeheure Zahl. Heute hat aber schon die Bundesrepublik Deutschland allein über 60 Millionen Einwohner.

> **Q** „Es begab sich aber zu der Zeit, daß ein Gebot von dem Kaiser Augustus ausging, daß alle Welt geschätzt würde."
>
> Sicher hast du den Satz schon einmal gehört.
> a) Wo steht er?
> b) Welches Ereignis kündet er an?
> c) Welchen Punkt auf der Zeitleiste bezeichnet dieses Ereignis?

**Die Ordnung sichert das Recht**

Was nützen aber gute Gesetze, wenn sie nicht durchgeführt werden können? Der kaiserlichen Verwaltung gelang es, den römischen Gesetzen im ganzen Weltreich Geltung zu verschaffen. Das war eine sehr große Leistung. An der Küste des Atlantischen Ozeans galt das *gleiche Recht* wie im fernen Asien. Den vollen Schutz der Gesetze hatten freilich nur diejenigen, die *römische Bürger* waren. Was das für den einzelnen bedeutete, zeigt die folgende Geschichte. Sie trug sich etwa 50 Jahre nach dem Tode des Augustus zu:

In der Provinz Judäa wurde ein Mann namens Paulus von römischen Soldaten festgenommen. Man hatte ihn aus einer lärmenden Menge herausgegriffen. Der Stadtkommandant befahl, Paulus in die Kaserne zu bringen. Er wollte ihn auspeitschen lassen, um zu erfahren, warum die Juden so wütend auf ihn waren. Als die Soldaten ihn schon festgebunden hatten, sagte Paulus zu dem dabeistehenden Offizier: „Dürft ihr einen römischen Bürger auspeitschen, noch dazu ohne ein ordentliches Gerichtsverfahren?" Der Offizier ging eilig zum Stadtkommandanten: „Was hast du vor", sagte er zu ihm, „der Mann hat römisches Bürgerrecht!" Die Männer, die Paulus verhören sollten, ließen sofort von ihm ab. Der Kommandant bekam es mit der Angst zu tun, weil er einen römischen Bürger hatte fesseln lassen.

Die Feinde des Paulus versuchten dann, ihn gewaltsam aus dem Gefängnis zu holen, um ihn ohne Urteil zu töten. Zu seiner eigenen Sicherheit wurde der Gefangene in die Hafenstadt Cäsarea geschafft, wo es mehr römische Soldaten gab. Paulus verlangte, daß sein Fall vor dem Kaiser verhandelt werde. Der römische Gouverneur besprach sich mit seinen Beratern und entschied dann: „Du hast an den Kaiser appelliert. Darum sollst du zum Kaiser gebracht werden."

Paulus fuhr also zu Schiff nach Rom, um dort seinen Prozeß zu führen.

*1. Wieso kann man Augustus als „klugen" Herrscher bezeichnen?*
*2. Erkläre die Herkunft des Wortes „Kaiser". Was bedeutet es?*
*3. Warum waren viele Römer bereit, die Herrschaft des Augustus hinzunehmen?*
*4. Zeige am Beispiel des Paulus, worin eine der größten Leistungen der Römer bestand.*

*Auch Augustus war als General an die Macht gekommen. Aber er wollte, daß unter seiner Herrschaft Friede sei. Während seiner Regierungszeit wurde in Rom der Altar des Augustus-Friedens eingeweiht. Er sollte ein Zeichen der Dankbarkeit sein für die Ruhe, die der Kaiser gebracht hatte.*

*Auf dem nebenstehenden Altarbild aus Marmor sehen wir, was sich die Menschen nach der langen Zeit des Krieges erhofften. Die Erde ist als Mutter dargestellt. Sie kann nun ihre Kinder großziehen. Pflanzen und Tiere deuten an, daß alles Leben im Frieden wächst.*

# Rom — das Zentrum des Weltreichs

„Alle Wege führen nach Rom"
Vielleicht kennst du diese Redewendung. Auch bei uns ist die Vorstellung wachgeblieben, daß die Stadt Rom ein Mittelpunkt der Welt war. Um das Weltreich zusammenzuhalten, brauchte man nicht nur Soldaten und Beamte. Diese mußten auch schnell in die entlegensten Teile des Reiches kommen können. Das wurde durch *feste Straßen* und durch *Schiffahrtslinien* ermöglicht. In der Karte auf Seite 55 sind die wichtigsten Verkehrsverbindungen eingezeichnet. Wie in einem Spinnennetz liefen sie in Rom zusammen.

Vielleicht wohnst du sogar in der Nähe einer solchen *Römerstraße*. Die Via Claudia zum Beispiel führte von der Donau über Augsburg und Füssen nach Süden; über den Fernpaß und den Reschenpaß gelangte man nach Italien. Mit ihren Brücken und Tunneln waren diese gepflasterten Straßen *technische Meisterleistungen*. Das ganze Jahr hindurch konnten sich die Reisenden schnell auf ihnen fortbewegen, auch wenn der Regen die Umgebung in einen matschigen Brei verwandelte. Vom Flugzeug aus sieht man noch heute die geraden Linien der alten Römerstraßen unter dem Ackerboden hervorscheinen. So fest waren sie angelegt. In regelmäßigen Abständen gab es Poststationen, wo man übernachten oder die Pferde wechseln konnte. Diese kostspieligen Einrichtungen dienten freilich nur den kaiserlichen Boten und Staatsbeamten.

Die *Geschwindigkeit* der Beförderung war unterschiedlich. Zu Schiff ging es manchmal recht schnell: Bei günstigem Wind konnte ein Brief aus Rom nach drei bis vier Tagen in Nordafrika sein. Auf der Straße schaffte man nicht mehr als etwa 75 Kilometer am Tag. Es war ein Rekord, als einmal eine Nachricht aus Mainz — also über eine Strecke von rund 1000 Kilometern — schon nach sieben Tagen in Rom eintraf. Wir sind an größere Schnelligkeit gewöhnt. Damals aber war das eine gewaltige Leistung. Später — nach dem Ende des Römerreiches — ging es wieder viel langsamer. Erst im vorigen Jahrhundert wurden die Römer übertroffen. Aber da gab es schon die Eisenbahn.

In Rom strömten die Menschen aus allen Teilen des Reiches zusammen: Händler, Handwerker, Künstler, Schriftsteller, ja sogar Touristen. Man war neugierig, die Weltstadt zu erleben. „Von sieben Hügeln aus überblickt sie den ganzen Erdkreis", sagte damals ein Dichter von ihr.

*Ein Handelsschiff in Ostia, dem Hafen von Rom an der Mündung des Tiber. Dahinter sieht man einen Leuchtturm.*

*Die Via Appia ist die älteste und berühmteste der Römerstraßen. Sie ist noch heute begehbar.*

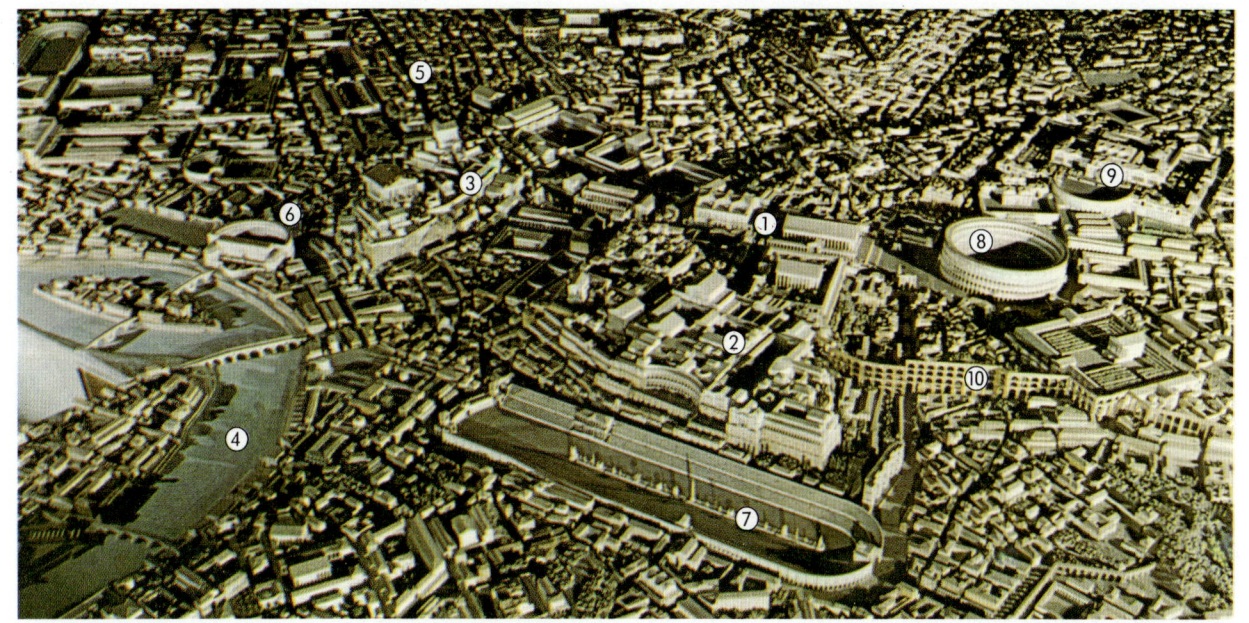

*So sah das Zentrum von Rom um das Jahr 300 n. Chr. aus.*

## Ein Blick auf Rom

Nach dem Bürgerkrieg hatte Augustus begonnen, die Hauptstadt großzügig zu erneuern und auszubauen. „Ich habe eine Stadt aus Ziegeln angetroffen und hinterlasse eine Marmorstadt", sagte er am Ende seines Lebens. Seine Nachfolger wollten es ihm gleichtun, um durch *prächtige Bauten* die Erinnerung an sich wachzuhalten. Bildhauer und Handwerker von überallher waren dauernd beschäftigt.

Auf dem Modell sieht man, welchen Anblick die Stadt um das Jahr 300 n. Chr. bot: Mittelpunkt war schon immer der alte Marktplatz, das *Forum Romanum* (1). Dort standen die wichtigsten Gebäude: Tempel, Gerichtshallen und das Rathaus. Durch das Forum, auf der Heiligen Straße, zogen auch die siegreichen Feldherren, vorbei an den vergoldeten Standbildern der Herrscher und der riesigen Anlage der Kaiserpaläste auf dem Palatinhügel (2). Im Triumph wurden sie auf den *Kapitolhügel* (3) geleitet. Dort standen die Tempel der höchsten Götter — des Jupiter und seiner Gemahlin Juno. Hinter dem Tempel der Juno Moneta wurde das Geld geprägt. Man verwahrte dort auch die wichtigen Urkunden des Staates. In einem Verzeichnis wurden die Namen der Leute festgehalten, die römische Bürger geworden waren.

Vom Kapitol geht der Blick auf den *Tiberfluß* (4), der nach wenigen Kilometern im Meer mündet. Für die Versorgung der Hauptstadt mit Nahrungsmitteln und Handelsgütern war der Fluß der wichtigste Verkehrsweg. So mußte das Getreide zur kostenlosen Speisung eines großen Teils der Bevölkerung zu Schiff herbeigeschafft werden, vornehmlich aus Ägypten. Nach Norden geht die Via Flaminia (5) ab, eine der großen *Straßen,* welche die schnelle Verbindung zwischen Rom und den Provinzen sicherstellten.

Aus der Masse der Häuser ragen auch die großen Bauten, die der Großstadtbevölkerung *Unterhaltung* und *Zerstreuung* boten: Das Theater des Marcellus (6) zum Beispiel, wo man lustige und ernste Schauspiele sehen konnte; der riesige *Circus Maximus* (7), ein Stadion für Wagenrennen mit über 250 000 Plätzen; das *Colosseum* (8), wo blutige Kämpfe zwischen Menschen und Tieren ausgetragen wurden. 80 000 Leute konnten zuschauen, wenn sich berufsmäßige Fechter, die Gladiatoren, gegenseitig töten mußten.

Hinter dem Colosseum sieht man eine riesige Badeanstalt, sogenannte *Thermen* (9). Da konnte man sich im Dampfbad erholen, aber auch den Gauklern zuschauen oder in der dazugehörigen Bibliothek etwas lesen. Für solche Bäder und zur Versorgung der Bevölkerung mit Trinkwasser hatte man ungeheure *Brücken* gebaut (Aquädukte, siehe die Abbildung auf S. 6), über die das Wasser aus den Bergen in die Stadt geleitet wurde.

Den größten Teil der Millionenstadt machten freilich *Mietskasernen* aus, in denen die meisten Leute wohnten — ohne Licht, ohne Heizung, auf engstem Raum. So schätzten gerade diese Römer den *Luxus der öffentlichen Gebäude,* an dem sie wenigstens tagsüber teilhaben konnten.

1. *Wieso waren gute Verkehrsverbindungen für das Römerreich unbedingt notwendig?*
2. *Warum waren das Forum und der Kapitolshügel der Mittelpunkt von Stadt und Reich?*
3. *Die Römer haben große technische Leistungen vollbracht. Was weißt du darüber?*
4. *Welche Vergnügungen gab es in der Großstadt?*

# Man nennt sie „Räuber der Welt"

Der Glanz des römischen Weltreichs und seiner Hauptstadt darf uns nicht blind machen. Denn dieser Glanz beruhte zu einem großen Teil auf *Raub*. Die unterworfenen Völker wurden ausgeplündert. Mehr noch verloren die Menschen, die durch die Niederlage zu Sklaven wurden.

### Der Triumph der Sieger
Die Parade nach einem siegreich beendeten Krieg nannten die Römer „Triumph". Das Heer und sein Feldherr marschierten dabei durch die Stadt. Das Volk säumte die Straßen und bestaunte den Zug.
Der erste Abschnitt stellte den Sieg dar: In lebenden Bildern wurden die wichtigsten Ereignisse des Kriegs vergegenwärtigt. Auch die *Kriegsgefangenen* gehörten dazu und die andere *Beute*, die man aus dem besiegten Land mitgeschleppt hatte. Dann folgte der *Feldherr* auf seinem Wagen. Aufrecht stehend fuhr er durch die jubelnde Menge. Er war *wie ein Gott* anzusehen. In der rechten Hand hielt er einen Lorbeerzweig, in der linken seinen Feldherrnstab. Wie dem Standbild des obersten Gottes Jupiter hatte man ihm die Lippen mit Mennige rot angemalt. Neben ihm auf dem Wagen stand ein Sklave und hielt einen goldenen Lorbeerkranz empor. Immer wieder rief er dem Sieger zu: „Bedenke, daß du ein Mensch bist!"
Hinter dem Triumphator zogen die festlich geschmückten *Soldaten*. In ausgelassener Stimmung genossen sie die Bewunderung der gaffenden Menge und freuten sich auf ihren Anteil an der Beute. Auf dem Kapitol brachte der Feldherr den Göttern ein Dankopfer dar. Denn man wollte glauben, daß sie es waren, die Sieg und Beute schenkten.

### Die Ausplünderung der Besiegten
Beute und Eroberungen waren der Zweck der Kriege. Denn als das mächtige Römerreich nach dem Sieg über Karthago keinen gleichwertigen Gegner mehr hatte, mußte es ja keine Verteidigungskriege mehr führen. Aus den unterworfenen Gebieten bezogen die Römer laufend *Steuern* und Abgaben. Auch die Bodenschätze — wie Gold, Silber und Erz — wurden von ihnen ausgebeutet. Der Reichtum floß vornehmlich in die Hauptstadt; er kam vor allem den führenden Leuten zugute, die in ungeheurem *Luxus* lebten.

> Q  Vor allem nach der Eroberung Griechenlands und der reichen Städte Asiens wurden unermeßliche Schätze nach Rom geschafft. Ein damaliger Feldherr führte in einem Triumphzug mit:
> — 250 Wagen mit Bildsäulen, Gemälden und Standbildern
> — Ein langer Wagenzug mit Waffen
> — Silbergeld in 750 Gefäßen, Goldmünzen in 77 Gefäßen von jeweils etwa 80 Kilogramm
> — das goldene Tafelgeschirr und die Krone des makedonischen Königs Perseus
> — eine Opferschale aus 270 Kilogramm Gold mit Edelsteinen geschmückt
> — silberne Mischkrüge, Trinkhörner, Schalen und Becher
> — 120 Opferstiere mit vergoldeten Hörnern. (7)
>
> ○ *Ein einziger Goldbarren von 1 kg Gewicht kostet heute ungefähr 35 000,— DM. Berechne den Geldwert des im Zug mitgeführten Goldes.*

*Auf einem Silberbecher ist ein Triumphzug dargestellt.*
○ *Wer ist der vorne im Wagen stehende Mann? Woran erkennst du ihn? Welche Aufgabe hat der Mann hinter ihm?*

*Nach der Zerstörung des Tempels in Jerusalem schleppten die Römer den kostbaren Tempelschatz fort. Auch der siebenarmige Leuchter wurde im Triumphzug mitgeführt.*

## Menschliche Beute: Die Sklaven

Die wertvollsten Beutestücke stellten Menschen dar. Man brauchte sie als *Arbeitskräfte*. Hatte sich ein Ort den Römern rechtzeitig unterworfen, so konnten die Einwohner hoffen, mit der bloßen Ausplünderung davonzukommen. Wo man aber bis zuletzt gekämpft hatte, da wurden alle waffenfähigen Männer umgebracht; Frauen und Kinder wurden getrennt und in die Sklaverei verkauft. Der Bedarf an Sklaven war groß. So veranstaltete man regelrechte *Menschenjagden*, um Sklaven zu beschaffen, viele Kriege wurden allein zu diesem Zweck geführt.

Das Los dieser menschlichen Beute war schlimm. Denn *Sklaven galten nicht als Menschen*. Wer einen Sklaven tötete, konnte zwar auch zur Rechenschaft gezogen werden, aber nur wegen Sachbeschädigung, nicht wegen Totschlags. In einem römischen Buch über die Landwirtschaft wird das Gerät eines Gutshofs in drei Gruppen eingeteilt: Hacke und Pflug bilden das „stumme Gerät". Die Haustiere gelten als „stimmbegabtes Gerät". Die Sklaven werden als „sprechendes Gerät" eingeordnet.

Freilich waren gut ausgebildete Sklaven, die als Ärzte oder Lehrer arbeiteten, bessergestellt. Manche wurden auch zu Freunden ihrer Herren. Sie erreichten dann ihre Freilassung. Oder sie konnten auch Geld sparen und sich selbst freikaufen. Als Diener mächtiger Leute besaßen sie manchmal sogar mehr Macht als viele römische Bürger. Doch das waren Ausnahmen. Grundsätzlich waren die Sklaven *rechtlos*, und es hing vom Belieben ihrer Besitzer ab, wie sie behandelt wurden.

In der Kaiserzeit gab es Vorschriften zum Schutz der Sklaven. Zum Beispiel mußte ein Herr, der seinen eigenen Sklaven ohne Grund getötet hatte, eine Geldstrafe zahlen. Dieser Schutz war aber weniger eine Folge von Menschenfreundlichkeit. Die ganze Wirtschaft beruhte ja auf der Arbeit von Sklaven. So durfte man nicht zu verschwenderisch mit diesem Besitz umgehen.

*Menschen als lebende Maschine — ganz deutlich wird dies an dem abgebildeten Tretkran: Sklaven und Sträflinge bildeten den „Motorblock" dieser Hebevorrichtung.*

*Wir sind es gewohnt, daß dort, wo die Arbeit zu gefährlich oder zu schwer erscheint, womöglich eine Maschine eingesetzt wird. Das war nicht immer so. Denn als es noch wenige Maschinen gab, mußte fast alles durch menschliche Arbeitskraft verrichtet werden. Solange es genug Sklaven gab, erschien dies auch billiger.*

**Q** Wie diese „menschlichen Werkzeuge" gehalten und behandelt wurden, erfahren wir aus einem Bericht über den Gutsbesitzer Cato:

„Er hielt eine große Menge Sklaven, die er aus Kriegsgefangenen kaufte. Er nahm am liebsten solche, die noch klein waren und sich wie junge Hunde nach seiner Art bilden und ziehen ließen . . . Jeder Sklave mußte entweder zu Hause notwendige Arbeit verrichten oder schlafen. Wenn er seinen Freunden und Kollegen ein Gastmahl gab, ließ er gleich nach Tisch die Sklaven, die etwas falsch gemacht hatten, mit Geißeln bestrafen. Immer suchte er sie in Zwist und Uneinigkeit zu halten, weil die Eintracht ihm Furcht und Verdacht erregte." (8)

○ *Warum wohl versuchte Cato, Eintracht unter seinen Sklaven zu verhindern?*

**Q** Der römische Philosoph Seneca, der um 50 n. Chr. lebte, machte seine Zeitgenossen auf die Unmenschlichkeit ihres Verhaltens aufmerksam. Er schrieb:

„‚Es sind nur Sklaven.' — Nein vielmehr Menschen.
‚Es sind nur Sklaven.' — Nein vielmehr Hausgenossen.
‚Es sind nur Sklaven.' — Nein, vielmehr Freunde geringeren Ranges.
‚Es sind nur Sklaven.' — Nein, vielmehr Mitsklaven, wenn du bedenkst, daß das Schicksal über euch beide die gleiche Macht hat.
Willst du nicht einmal bedenken, daß der Mensch, den du deinen Sklaven nennst, den gleichen Ursprung hat wie du, daß ihm das gleiche Leben, der gleiche Tod beschieden ist?" (9)

○ *Eine Abschaffung der Sklaverei konnte sich damals niemand vorstellen. Auch Seneca selber besaß Sklaven. Wie aber war seine Einstellung ihnen gegenüber?*

1. *Erzähle den Triumphzug aus dem Blickwinkel eines mitgeführten germanischen Kriegsgefangenen.*
2. *Warum hatten die anderen Völker Grund, sich der Ausbreitung der römischen Macht zu widersetzen?*
3. *Erkundige dich in einem Lexikon nach dem Sklavenführer Spartakus.*

# Römische Herrschaft und Kultur im heutigen Bayern

## Die Römer an Donau und Altmühl

Ein altes römisches Denkmal in Südfrankreich kündet vom Sieg über die Bewohner der Alpen und des Alpenvorlands; die Inschrift nennt die Namen der besiegten Völker. Auch die *Vindeliker* gehören dazu, der keltische Stamm, der damals das heutige Südbayern bewohnte.

### Das Land wird erobert

Augustus hatte seine Stiefsöhne Tiberius und Drusus ausgeschickt, um die Gebiete nördlich von Italien zu unterwerfen. Drusus zog mit einem Heer über die Alpen und durch das Inntal ins Alpenvorland. Tiberius kam mit einem zweiten Heer zum Bodensee. Irgendwo vereinigten sie sich, um dann in einer großen Schlacht die Vindeliker zu besiegen.

Das war im Jahre *15 v. Chr.* Wir wissen nicht genau, was damals geschah und wie die Schlacht verlief. Wir kennen nur die Folge des Siegs: Das Land südlich der Donau gehörte von da an für fast 500 Jahre zum Römerreich.

Den größten Teil des Gebiets bildete die *Provinz Rätien*. Östlich vom Inn lag *Noricum*. Das Land zwischen Donau und Rhein wurde später erobert. Dort errichteten die Römer einen etwa 550 km langen Grenzwall, den sogenannten *Limes*. An der Grenze von Rätien bestand er aus einer Mauer, 3 m hoch und 1 m dick.

### Das Land verändert sich

Die römische Herrschaft im heutigen Süddeutschland brachte *große Veränderungen* mit sich. Zuerst bauten die Römer die Militärstützpunkte aus — und Straßen, auf denen man schnell Truppen, Waffen und Verpflegung herbeischaffen konnte. Als Mittelpunkt der Verwaltung in Rätien wurde bald *Augsburg* gegründet: die Augustus-Stadt der Vindeliker. Aber auch andere *Städte* blühten unter römischer Herrschaft auf: Kempten, Günzburg, Weißenburg, Regensburg, Passau. Und das sind nur ein paar.

Soldaten aus allen Teilen des Reiches siedelten sich an. Kaufleute, Handwerker und Sklaven folgten nach. Man wollte in der Provinz genauso leben wie in der Heimat und auf gewohnte Dinge nicht verzichten. So gab es auch hier bald steinerne Häuser, Tempel, Wasserleitungen und Bäder.

Die ansässigen Kelten glichen sich allmählich den römischen Eroberern an. Sie übernahmen nicht nur die *überlegene Technik* der Römer, sondern auch ihre *Gewohnheiten,* zum Beispiel im Essen. Damals erst lernte man hier Wein, Kohl, Pfirsich, Kirschen und Rettich kennen. Die Menschen wuchsen zu einer Gemeinschaft zusammen und fühlten sich allmählich alle als *Römer*. Ganz andere Sitten hatten die Germanen jenseits des Limes.

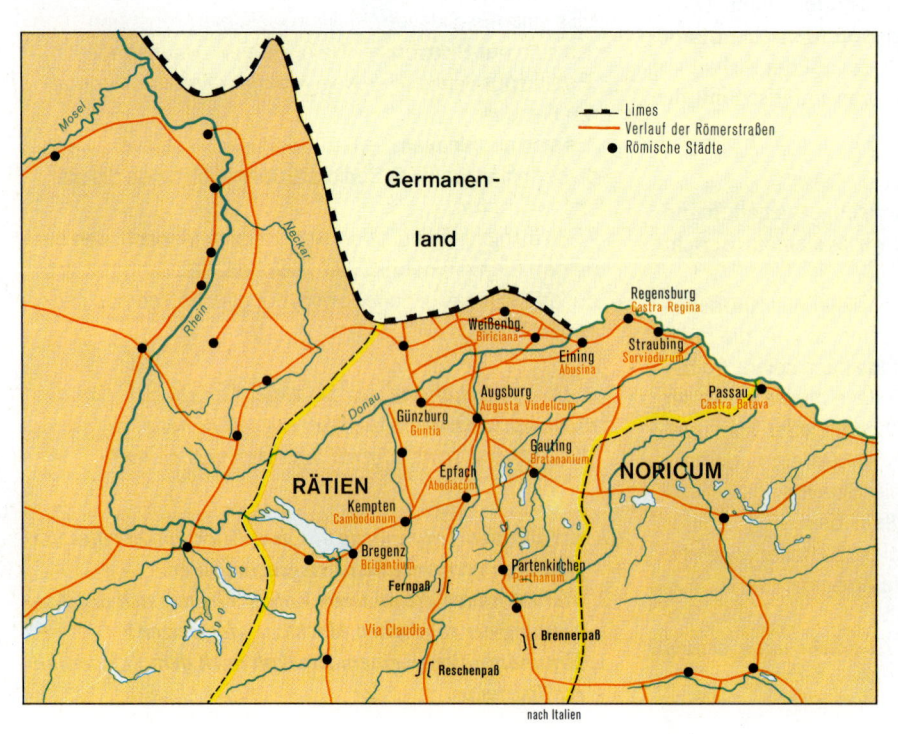

*Süddeutschland zur Römerzeit. Auf der Karte kann man gut das Netz der Römerstraßen erkennen.*

a) Warum wohl ist das Straßennetz an der Grenze besonders dicht?

b) Verfolge auf der Karte den Verlauf der Via Claudia von Italien bis zur Donau.

*1985 feierte Augsburg das 2000. Jahr seiner Gründung.*

○ Berechne das Gründungsjahr. Was geschah damals?

## Römer in Weißenburg

Im Weißenburger Römermuseum wird die Urkunde aufbewahrt, mit der einem Soldaten namens Mogetissa nach Ablauf seiner Militärzeit das römische Bürgerrecht verliehen wurde. Wir stellen uns nach diesem wichtigen Ereignis Mogetissa mit ein paar Freunden vor:

Mogetissa, eben noch Soldat der in Biriciana (Weißenburg) stationierten Reiterkompanie, sitzt im Ruheraum der Thermen, ganz in der Nähe des Militärlagers. Sein Freund Gaius kommt herein und gibt ihm einen Klaps auf die Schulter: „Na, du! Römischer Bürger! Hast du's endlich erreicht?"

„Ja, darauf bin ich stolz", sagt der, „aber ich habe mir das Bürgerrecht auch sauer verdient. 25 Jahre Militärdienst, das ist kein Honiglecken. Jetzt werde ich mich als Bauer niederlassen. Vielleicht mache ich auch eine kleine Wirtschaft auf."

„Tu das!" ermuntert Gaius. „Als römischer Bürger bist du schon wer. Du stehst gleich ganz anders da, überall. — Vor allem natürlich, wenn du mal mit einem Amt oder der Polizei zu tun hast. Aber sag' mir, wie sieht denn so eine Bürgerurkunde aus? Ich hab' keine. Ich bin ja ein geborener römischer Bürger."

Mogetissa berichtet: „Es ist eine Bronzetafel — eine Abschrift der Originalurkunde, die in Rom aufbewahrt wird. In die Tafel ist der Text eingeritzt: Am Anfang der Name unseres Kaisers. Dann werden die in Rätien stationierten Truppen aufgezählt, deren ausgediente Soldaten das Bürgerrecht bekommen haben. Im einzelnen sind das: meine ehemalige Reiterkompanie, die Batavischen Aufklärer (aus den Niederlanden), die Reitertruppen aus Lusitanien (Portugal) und Thrakien (Bulgarien) und noch ein paar andere mehr. Dann werde ich mit meiner Frau und Tochter genannt. Zum Schluß folgen noch die Unterschriften der Beamten."

„Hallo, Freunde!" Marcus kommt aus dem Abkühlbecken und läßt sich auf einer Liege nieder. „Ich habe erst einmal ausgeschwitzt. Jetzt muß ich mich einschmieren und massieren lassen." Gleich ist ein Bademeister da und reibt ihm den Körper mit duftendem Olivenöl ein. „Ah, das tut gut!" sagt Marcus, „richtiges Öl, wie es sich für normale Menschen zur Körperpflege gehört! Stellt euch vor, was ich da neulich aufgeschnappt habe: Um ihren Dreck herunterzukriegen, schmiert sich diese Germanen doch tatsächlich Seife auf den ganzen Körper. In die Haare — ja! Das versteh' ich. Das macht man in Rom auch schon. Aber auf die Haut? So eine schwarze Schmiere aus Fett und Asche? Bloß weil sie das Zeug angeblich erfunden haben. — Aber diese Urwaldmenschen haben noch andere ulkige Bräuche. Zum Essen gibt's kein Olivenöl! Na ja, Ölbäume gibt's hier ja auch nicht. Aber wir lassen uns wenigstens das Öl aus Italien kommen. Diese zottigen Ungetüme machen alles mit Butter — von Kühen! Sogar in die Haare schmieren sie sich das ranzige Zeug."

„Unterschätze die Germanen nicht!" sagt Mogetissa, „wir in der Armee waren immer heilfroh, wenn wir von einer Erkundung im Germanenland zurück waren und alles gut ging."

„Ach was!" sagt Marcus verächtlich. „Wenn die bei der Grenzstation hereinkommen und dann unsere Städte sehen — Augusta Vindelicum (Augsburg) etwa, oder Cambodunum (Kempten) —, die staunen doch nur. Wasserleitung, Spülklosett oder Bad, sowas kennen sie doch überhaupt nicht. Was haben die bloß für ärmliche Hütten! Weidengeflecht mit Lehm dazwischen — „Wand" heißt das dann. Stroh drauf und ein Fell vors Loch, damit der Mief drinnen bleibt! Wenn sie schon mal was Anständiges abgeguckt haben, fehlen ihnen die Worte. Sie müssen es dann mit Worten aus unserer Sprache benennen: Mauer, Ziegel, Kalk, Fenster, Pforte, Keller. Ja sogar den Wein . . . Damit ich's nicht vergesse, zur Feier des Tages!" Und zur Theke hingewendet ruft er nach hinten: „Bringt uns einen Krug Wein zum Anstoßen!"

Mogetissa ist nicht ganz wohl bei dem gehässigen Gerede. „Weißt du, Marcus", sagt er bedächtig, „ich bin zwar kein Germane, aber ein geborener Kelte. Jetzt bin ich römischer Bürger. Das war doch immer eure Stärke, daß in Rom auch ein Fremder etwas werden konnte, wenn er nur tüchtig war. Es ist schon richtig: In wenigen Jahren, seit hier die Römer bestimmen, ist viel geschafft worden. Und wenn unser Ort erst einmal ausgebaut ist wie die Städte im Süden, dann wird der Unterschied noch größer sein zwischen dem entwickelten Gebiet hier und den Wäldern und Sümpfen drüben. Aber die Germanen leben halt so, wie sie es gewohnt sind. Und die hier, die mit uns Handel treiben, sind doch ganz friedlich. Wenn man schon an ihnen verdient, sollte man sie lieber nicht beschimpfen. Das macht nur böses Blut. Außerdem: Die Germanen sind ganz nah, aber Rom ist weit weg."

„Ach was!" sagt Marcus, der aber doch ein bißchen nachdenklich geworden ist. „Du bist ein Schwarzseher. Unsere Straßen sind gut. Und wenn wir auch ein bißchen weit weg sind an Donau und Altmühl: Der Nachschub rollt auf der Via Claudia. Hast du unlängst die große Truppenparade zum Geburtstag des Kaisers gesehen? Wer könnte gegen so etwas an?" Er hebt den Becher: „Aber nichts für ungut, du frischgebackener römischer Bürger! Vielleicht hast du sogar recht! Prosit!"

*1. Was versteht man unter „Limes"? Wie sah er in Rätien aus?*
*2. Welche Veränderungen brachte die römische Herrschaft für das Alpenvorland mit sich?*
*3. Das Leben der Provinzbewohner war in vieler Hinsicht von Rom abhängig. Nenne ein paar Gesichtspunkte.*
*4. Was erfährt man im Text über die Lebensgewohnheiten der benachbarten Germanen?*
*5. Lest die Szene zwischen Mogetissa und seinen Freunden mit verteilten Rollen und spielt sie dann.*

# Man braucht nur zu graben — zum Beispiel in Weißenburg

**Ein Schatzgräber**

Am Freitag, den 19. 10. 1979 machte sich ein Weißenburger Hobby-Gärtner daran, ein neues Spargelbeet anzulegen. Mit Hacke und Spaten bearbeitete er das Erdreich. Da stieß er in 30 bis 40 cm Tiefe auf Metall: ein altes Sieb, ein zerfallener Eimer. Er grub weiter. Noch etwas kam zum Vorschein. Es sah aus wie der Teil eines alten Bettgestells. Kopfschüttelnd zog er das Gerümpel heraus. „Nein, so etwas!" dachte er sich, „mein Garten ist doch nicht über einer Schutthalde angelegt worden?" Aber da war ja noch mehr: zwei umgestülpte Schalen, eine alte Kette und dann — eine Anzahl von Figuren, jede etwa 25 cm groß. Da stockte dem Gartenfreund der Atem. Denn er begriff, daß er auf einen alten Schatz gestoßen war.

Mit Hilfe von Fachleuten wurde der Fund nach und nach geborgen. Die Gegenstände wurden gesäubert und sorgfältig restauriert. Der Freistaat Bayern hat den Schatz gekauft; nun ist er im Römermuseum Weißenburg zu bewundern: 11 reichverzierte Silberbleche, 16 Götterfiguren aus Bronze und viele andere wertvolle Geräte.

*Luftaufnahme der Weißenburger Thermenanlage. Hier spielte unsere Erzählung von Mogetissa.*
*A Umkleideraum, B Säuberung, C laues Wasser, D Warmwasserbad, E kaltes Wasser, F Schwitzbad (mit Resten der Heizungsanlage), G Sporthalle.*

*Eine Figur aus dem Schatzfund. Dargestellt ist ein Mann in römischem Gewand, der den Göttern opfert.*

**Eine römische Ausgrabungsstätte**

In der Nähe von Weißenburg sind die Überreste des *Limes* erhalten. Die „Teufelsmauer" wurde er vom Volk genannt, als das Römerreich schon untergegangen war.

In der Stadt selbst hat man nicht nur den Schatz ausgegraben, sondern auch die Überreste der größten *Thermenanlage*, die bisher in Süddeutschland gefunden wurde. Das Bad stand nicht weit weg vom Militärlager. Fast überall, wo sie hinkamen, errichteten die Römer solche Bäder. Sie dienten nicht nur der Körperpflege, sondern waren auch Mittelpunkt des Lebens der Gemeinde. Man traf sich dort, konnte Neuigkeiten austauschen und miteinander bereden. Vorbild solcher Anlagen waren natürlich die riesigen Bäder in Rom.

Den Ablauf eines Badebesuchs kann man wohl am ehesten mit dem Besuch einer modernen Sauna vergleichen: Der Badegast zog sich im Umkleideraum aus. Nachdem er sich gesäubert hatte, konnte er in mehrere Wasserbecken steigen, die jeweils unterschiedliche Temperaturen hatten. Eine wichtige Station war natürlich das Schwitzbad. Zum Schluß kühlte er sich in einem Becken mit kaltem Wasser ab. Nebenher konnte man etwas trinken oder sich in der Sport- und Gymnastikhalle fit machen.

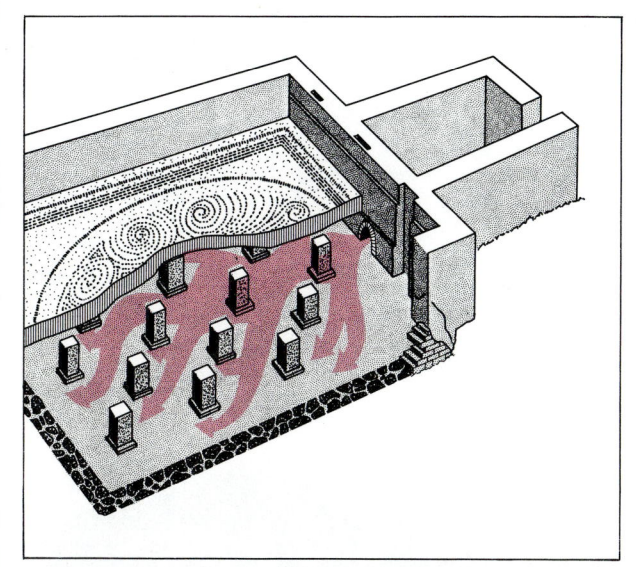

*Eine römische Heizung. Überreste solcher Heizungsanlagen sind in vielen Ausgrabungsstätten leicht zu erkennen. So auch auf der Aufnahme von Weißenburg. Es handelt sich dabei um eine Fußbodenheizung mit doppeltem Boden. Auf die untere Bodenfläche waren in regelmäßigen Abständen kleine Pfeiler aus Ziegelsteinen aufgemauert. Auf diese wurde dann ein zweiter Steinboden gesetzt. Dessen Oberfläche bestand oft aus Marmor oder war mit Mustern aus bunten Marmorsteinchen verziert. Wurde nun von einer seitlich angeordneten Heizkammer geschürt, so floß die heiße Luft zwischen den beiden Bodenflächen hindurch und wärmte die obere Fläche. In Röhren aus Ton konnte die Heißluft auch an den Seitenwänden emporgeführt werden und sorgte so für eine angenehme Raumtemperatur.*

*Heizungen und oft ganze Thermenanlagen gab es auch in Privathäusern, den Gutshöfen reicher Grundbesitzer. An vielen Orten sind Überreste dieser prächtigen Landvillen ausgegraben worden. Denn nicht nur in den Städten siedelten sich die Römer an; viele erwarben Grundbesitz und lebten auf dem Lande — und wollten ein behagliches Leben!*

### Geschichte zum Anschauen

Aus der langen Geschichte der römischen Provinz Rätien sind uns nur wenige schriftliche Denkmäler geblieben: Bronzetafeln, wie die Bürgerurkunde des Mogetissa, oder auch eine Reihe von Inschriften auf steinernen Grabmälern, Särgen oder öffentlichen Bauwerken. Umso wichtiger sind die Funde, die immer wieder überall in Südbayern gemacht werden: alte Gefäße, Werkzeuge, Münzen. Vieles stammt aus Gräbern.

Doch so mancher Schatzfund — wie zum Beispiel der aus Weißenburg — ist noch anders zu erklären: Die Römer wurden später von den Germanen wieder aus Rätien vertrieben. Vor der Flucht vergruben sie oft wertvolle Gegenstände. Vergeblich hofften sie, diese Schätze einmal wieder ausgraben zu können. So hat sie der Boden aufbewahrt. Wir können sie im Museum bewundern und uns ein Bild machen, wie die Römer gelebt haben.

Du hast nun viel von Weißenburg gehört. Aber das ist nur ein Beispiel. Es gibt viele andere *Ausgrabungsstätten* und *Museen* mit Sammlungen aus der Römerzeit. Vielleicht ganz nah bei dir? Vielleicht könnt ihr auch einmal eine Klassenfahrt zu einem solchen Museum machen — oder gar an den Limes?

*Stelle dir vor, du wärest einer der letzten römischen Beamten der Provinz Rätien. Aus Angst vor den Germanen sind die meisten Leute schon nach Italien geflohen. Vorher haben sie aber wertvollen Besitz vergraben. Um ihr Eigentumsrecht zu sichern, haben sie bei der Behörde Meldung gemacht. Wie du erfahren hast, wurden folgende Gegenstände vergraben:*
*— in Weißenburg die kostbaren Götterfiguren*
*— in Straubing Waffen und Kriegermasken*
*— in Augsburg ein Goldhelm und Goldmünzen*
*— in Kempten kostbares Glas- und Bronzegeschirr*
*— in Regensburg Werkzeuge und Geräte.*
*Damit man die Dinge wiederfinden kann, zeichnest du eine Schatzkarte von Rätien, auf der dies alles eingetragen ist. Die Karte auf Seite 64 kann als Vorlage dienen.*

*Maske aus Straubing. Sie wurde im Triumphzug getragen*

*Glas- und Bronzegefäße aus Kempten*

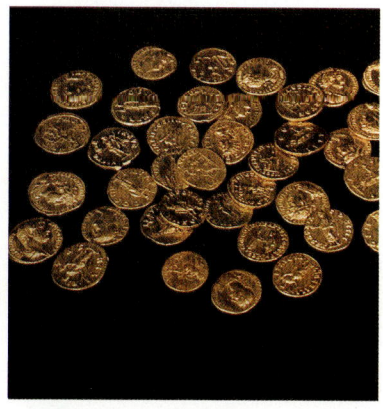

*Münzfund aus Augsburg*

# Die Ausbreitung des Christentums im Römerreich

## Eine neue Religion

Unter Kaiser Augustus wurde in der Provinz Judäa Jesus von Nazareth geboren. Er nahm für sich in Anspruch, der *Christus* zu sein — das heißt der „gesalbte" Sohn Gottes. Er verbreitete seine Lehre unter den Menschen. Jesus wurde um das Jahr 30 verhaftet und hingerichtet. Seine Lehre war damit aber nicht ausgetilgt. Zwölf Schüler, die *Apostel*, bildeten unter der Leitung des Simon *Petrus* den Kern einer neuen Gemeinschaft. Die neue Religion wuchs bald über Judäa hinaus und begann sich im römischen Reich zu verbreiten. Dies ist vor allem das Werk des *Paulus* von Tarsus.

### Der Völkerapostel Paulus

Paulus war ein geborener Jude; er besaß aber das römische Bürgerrecht. Um die Botschaft Jesu in die Welt zu tragen, unternahm er weite Reisen. Dabei kam er auch nach *Athen* in Griechenland. Dort stellte er sich auf einen großen Platz und sprach ungefähr folgendermaßen:

„Männer von Athen! Ich habe wohl gemerkt, daß ihr die Götter hoch verehrt. Ich habe hier einen Altar entdeckt mit der Aufschrift: ‚Dem unbekannten Gott'. Diesen Gott will ich euch jetzt bekanntmachen: Er wohnt nicht in Tempeln, die ihm die Menschen gebaut haben. Er ist jedem von uns nahe. Denn durch ihn leben, handeln und sind wir. Er läßt sich nicht durch Bildwerke aus Gold, Silber oder Stein darstellen. Bald wird er die ganze Menschheit richten, und zwar durch einen Mann, den er dazu bestimmt hat. Zum Beweis dafür hat er ihn von den Toten erweckt."

Als sie Paulus über die Auferstehung reden hörten, lachten einige ihn aus. Andere sagten: „Darüber mußt du uns noch mehr erzählen!"

*Petrus und Paulus waren die führenden Männer der frühen christlichen Gemeinde. Beide wurden unter dem Kaiser Nero in Rom hingerichtet.*

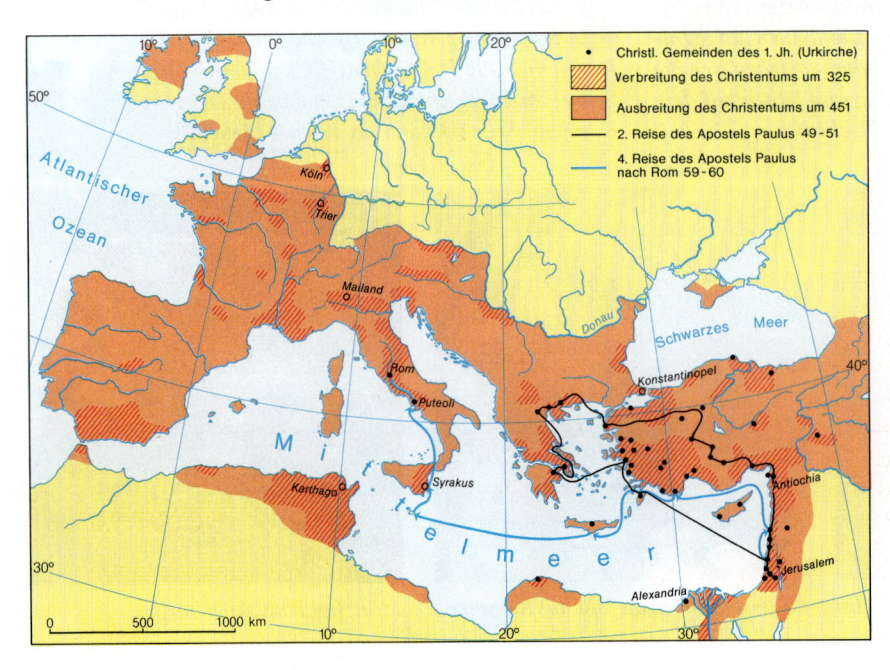

*Auf der Karte siehst du die schrittweise Ausbreitung der christlichen Religion. Bis zum 5. Jahrhundert hatte sie sich über das ganze römische Weltreich verbreitet.*

*Vom Apostel Paulus sind uns vier Missionsreisen berichtet, die zweite und die vierte waren besonders weit.*

○ *Auf seiner vierten Reise kam Paulus nach Rom. In welchem Zusammenhang hast du darüber schon erfahren? (Siehe S. 59)*

*Der Tod am Kreuz war die schimpflichste und grausamste Art der Hinrichtung. Sie war für Sklaven üblich. Jesus starb so und nach ihm viele Märtyrer.*

**Die Christen geraten in Gegensatz zum römischen Staat**

Die Christen sprachen von einem Gott, der von Schuld, Leid und Tod erlöste. Durch das Opfer seines Sohnes zeigte er an, wie wichtig ihm die Menschen waren. Die christliche Botschaft richtete sich an alle, die zu leiden hatten. Das Leben und der Tod Jesu zeigten sogar den Sklaven, daß auch sie vor Gott wertvolle Geschöpfe waren. So suchten immer mehr Menschen ihre Erlösung im Christentum. Die neue Religion verbreitete sich im ganzen Reich.

Für die Christen hatte freilich nur Gott *allein* Anspruch auf Verehrung und letzten Gehorsam. Das mußte sie in Gegensatz zum römischen Staat bringen. Denn die römischen Kaiser ließen sich selbst als Götter verehren. Das *Opfer* vor dem Altar mit dem *Bild des Kaisers* war ein *Zeichen der Treue zum römischen Staat*.

Die Christen erfüllten zwar ihre Pflichten als Staatsbürger und zahlten ihre Steuern. Sie weigerten sich aber, den Kaiser als Gott anzuerkennen. So galten sie bald als *Staatsfeinde*, denen man alles Üble zutraute. Sie wurden verfolgt, wenn man Schuldige für irgendetwas suchte.

Schon Kaiser Nero war es leichtgefallen, die Schuld an dem großen Brand von Rom im Jahre 64 n. Chr. den Christen anzulasten. Er ließ viele von ihnen grausam hinrichten. Später setzten planmäßig große Christenverfolgungen ein, die das Ziel hatten, das Christentum auszurotten. Besonders schwere und grausame Verfolgungen fanden um das Jahr 300 n. Chr. unter dem Kaiser Diokletian statt.

Zu dieser Zeit gab es auch in *Rätien* schon christliche Gemeinden. Wir wissen das, weil damals die heilige *Afra* in der Nähe von Augsburg auf einer Insel im Lech verbrannt wurde.

**Q** Christen, die lieber starben, als daß sie ihren Glauben verleugneten, nennt man Märtyrer. Meist wurden sie in einer Gerichtsverhandlung verhört und dann verurteilt. Die hier abgedruckte Verhandlung fand im Jahr 180 n. Chr. in Nordafrika statt. Sie wurde von dem römischen Beamten Saturninus geführt. Angeklagt war eine Gruppe von Christen.

„*Saturninus:* ‚Ihr könnt Straferlaß vom Kaiser erlangen, wenn ihr zur Vernunft zurückkehrt.'
*Speratus* (ein Christ): ‚Wir haben nie etwas Strafwürdiges getan. Wir haben nie jemandem Böses gewünscht, sondern sogar noch gedankt, wenn man uns mißhandelt hat. Wir sind daher gute Untertanen des Kaisers.'
*Saturninus:* ‚Auch wir sind fromme Leute. Unsere Religion ist einfach: Wir schwören beim göttlichen Schutzgeist unseres Kaisers. Und das müßt auch ihr tun.'
*Speratus:* ‚Ich habe nie gestohlen. Bei jedem Kauf zahle ich auch die staatlichen Steuern. Aber einen Kaiser über diese Welt kann ich nicht anerkennen. Ich diene vielmehr Gott, den keines Menschen Auge je sah.'
*Saturninus* zu den übrigen: ‚Laßt wenigstens ihr ab von den schlechten Meinungen?'
*Speratus:* ‚Schlechte Meinungen sind zum Beispiel: Menschenmord begehen oder falsches Zeugnis ablegen.'
*Saturninus:* ‚Laßt doch ab von den Narreteien, die dieser euch vormacht!'
*Cittinus, Donata, Vestia:* ‚Wir sind Christen. Wir fürchten niemand außer Gott im Himmel.'
*Saturninus:* ‚Bleibt ihr bei dem Bekenntnis oder wollt ihr Bedenkzeit haben?'
*Speratus:* ‚In einer so gerechten Sache gibt es nichts zu bedenken.'
*Saturninus:* ‚Überlegt es gut!'
*Speratus und die anderen:* ‚Wir sind Christen.'
*Saturninus:* ‚Speratus und mehrere andere haben bekannt, nach Christenweise zu leben. Sie haben sich hartnäckig geweigert, zur römischen Religion zurückzukehren. Deshalb sollen sie enthauptet werden.'
*Speratus und andere:* ‚Dank sagen wir Gott! Heute noch, ihr Märtyrer, sind wir im Himmel!'" (10)

a) Was verlangt Saturninus von den Christen?
b) Wie verteidigen sich die Christen?
c) Worin bleiben sie standhaft?

*1. Wie konnte Paulus in seiner Rede in Athen Interesse für den christlichen Gott erwecken?*
*2. Warum wandten sich gerade leidende und unterdrückte Menschen dem Christentum zu?*
*3. Warum gerieten die Christen in Gegensatz zum römischen Staat?*
*4. Worauf läßt die Hinrichtung der heiligen Afra im Jahre 304 schließen?*

# Die Christen im römischen Reich: verfolgt — anerkannt — geachtet

*Eine Katakombe bei Rom. Die Ruhestätten der Toten sind übereinander angeordnet.*

## Im Untergrund

Wie es schon immer gesetzlich vorgeschrieben war, mußten in Rom auch die Christen ihre Toten außerhalb der Stadt begraben. Reiche Mitglieder der Gemeinde stellten dafür Grundstücke zur Verfügung. Auf privatem Grund waren die Ruhestätten auch vor Übergriffen sicherer. Da aber bald der Platz nicht mehr ausreichte, grub man die Grabkammern immer tiefer. So entstanden ganze unterirdische Totenstädte mit kilometerlangen Gängen in mehreren Stockwerken übereinander: die *Katakomben*. Weil die Christen ihren Gottesdienst gewöhnlich an den Gräbern der Märtyrer feierten, waren die Katakomben auch ihre Versammlungsstätte. In Zeiten der Verfolgung war das unterirdische Gewirr von Gängen ein gutes Versteck.

## „In diesem Zeichen sollst du siegen"

Das Christentum erwies sich stärker als seine Feinde. In dem neuen Glauben fanden viele Menschen mehr Kraft als in den Gebräuchen der alten römischen Religion. Die Tapferkeit und Festigkeit der Märtyrer beeindruckte auch ihre Verfolger. So wuchs die christliche Kirche unaufhörlich. Schließlich war es auch den Kaisern nicht mehr möglich, ihre Macht auszuüben, wenn so viele tüchtige und ehrliche Menschen abseits standen.

Vom Kaiser *Konstantin* wird folgendes berichtet: Am Abend vor einer entscheidenden Schlacht erschien ihm ein Engel im Traum. Dieser zeigte ihm eine christliche Fahne und sagte: „In diesem Zeichen sollst du siegen!"
Sogleich ließ Konstantin auf die Schilder seiner Soldaten das Christuszeichen malen — die ineinandergeschobenen griechischen Anfangsbuchstaben für das Wort „Christus": X (= ch) und P (= r). Tatsächlich wurde die Schlacht am nächsten Tag für Konstantin entschieden.
Konstantin sah darin den Beweis für die Macht des Christengottes. Er sah auch, daß er in den Christen gute Untertanen hätte, wenn er sie klug behandeln würde. So erließen er und sein Mitkaiser im *Jahre 313* in der Stadt Mailand eine wichtige Bestimmung, das sogenannte *Mailänder Edikt:* Fortan sollte das *Christentum gleichberechtigt neben den anderen Religionen* im Reich sein. Die Christen wurden nicht mehr wegen ihres Glaubens verfolgt. Ihr beschlagnahmtes Eigentum wurde ihnen zurückgegeben. Die *christliche Kirche* konnte sich in der Öffentlichkeit zeigen. Man sah nun, wie *stark und fest geordnet* sie bereits war.
Es dauerte nicht einmal mehr hundert Jahre, da wurde das Christentum zur *einzigen Religion* im Reich erklärt. Um nun etwas zu gelten im Staat, mußte man Christ sein.

*Ein römischer Kaiser mit seinem Gefolge. Auf den Schildern der Wachsoldaten sieht man deutlich das Christuszeichen.*

Konstantin täuschte sich nicht. Denn das Christentum war tatsächlich eine Stütze — für das Reich und für die Menschen in Not. Das zeigte sich besonders da, wo die Macht des römischen Staates immer schwächer wurde, wie zum Beispiel an der Donaugrenze, in der Gegend von Passau und in Österreich.

### Ein Helfer in der Not: der heilige Severin

In der kleinen römischen Stadt Favianis war man ratlos. Der Winter hatte mit grimmiger Kälte zugeschlagen. Die Flöße, die sonst auf Inn und Donau Lebensmittel heranschafften, saßen fest im Eis. Durch Einschränkungen konnte man die Vorräte strecken, aber bald würde man damit am Ende sein. Was sollte man tun? Wer sollte die niedergeschlagene Bevölkerung wieder aufrichten?

Einige Leute hatten Severin in die Stadt geholt. Ein großer Ruf ging diesem Mann voraus. Früher einmal war er wohl Offizier gewesen. Dann hatte er sich als Mönch in die Einsamkeit zurückgezogen. Nur mit einer ärmlichen Kutte bekleidet, lebte er außerhalb der schützenden Mauern der Stadt. Er hatte auch keine Furcht vor den Germanen. Denn die Germanenhäuptlinge schätzten sein Wort: Wenn Streit zu schlichten oder ein Beschluß zu fassen war, holten sie den heiligen Mann.

Doch was sollte ein armer Einsiedler in der ausgehungerten Stadt? — „Der wird uns noch das Fasten beibringen", witzelten die einen, denen noch ein bißchen Humor geblieben war. „Vielleicht läßt er uns Brot vom Himmel fallen mit seinen frommen Sprüchen?" meinten die anderen in bitterem Spott.

Severin aber versammelte die Einwohner in der Kirche. „Es steht schlimm, meine Brüder und Schwestern", sagte er. „Aber nicht nur du hungerst, Marcus, und du, Petronia. Wir alle leiden Not." Dann stellte er ihnen vor Augen, daß nicht der Mangel das Schlimmste war: „Das größte Übel in den Zeiten der Not ist die Hartherzigkeit, die Angst, selbst zu kurz zu kommen. Doch schaut mich an: Ich lebe von dem, was mitleidige Menschen mir zukommen lassen, und das ist oft recht wenig. Und dennoch hat Gott mich nicht verhungern lassen."

Beim Reden beobachtete er die Umstehenden genau. Er faßte eine Frau mittleren Alters ins Auge. „Wie steht es mit dir, Procula? Sage mir vor Gottes Angesicht: Hast du wirklich nichts mehr, was du einem anderen geben könntest? Denn vielen geht es wohl noch schlechter."

Die Frau zögerte. Dann jammerte sie los: „So schlimm wie heuer war es nie. Sonst waren meine Speicher immer noch halb voll. Jetzt ist es kaum mehr ein Viertel. Wovon soll ich später leben?"

„Aber doch noch ein Viertel!" Severin blieb hart. „Sollen die anderen vor deinen Augen verhungern? Wirst du später dein Mehl an die Fische verfüttern, weil niemand da ist, um es dir abzukaufen? Schämst du dich nicht, so habgierig zu sein? Wie der heilige Paulus sagt, ist Habgier

*Als die Macht des Römerreiches verfiel, waren es Männer wie der hl. Severin, welche die Ordnung aufrecht erhielten und sich um die Menschen kümmerten. Auf einer Kirchentür in Österreich hat ein moderner Künstler das segensreiche Wirken des Heiligen in Noricum dargestellt: Zu einer römischen Stadt kommen die Einwohner der Umgebung. Sie sind auf der Flucht vor den Germanen. Der Gottesmann gewährt Hilfe und Schutz, so daß man weiter leben und arbeiten kann.*

Götzendienst und einer Christin unwürdig. Denn wisse, in deinen Brüdern hungert Christus selbst!"

Die Frau war rot geworden vor Scham. Dann faßte sie sich und sagte: „Ich bekenne: Es war falsch von mir. Ihr könnt also meine Vorräte verteilen. Für das Weitere mag Gott sorgen!"

Viele andere, die den Auftritt mitangesehen hatten, besannen sich darauf, wie nutzlos es wäre, nur die eigene Haut retten zu wollen. Und siehe da — es gab noch ausreichend zu essen für alle, bis der Fluß wieder aufgetaut war. Severins Wort und Vorbild hatte geholfen.

Severin war auch später unermüdlich in Noricum tätig: Er verhandelte mit den Germanen, befreite Gefangene, ermunterte die römischen Soldaten. Als die Stadt Passau nicht mehr zu halten war, zog er mit den Einwohnern ostwärts, wo ein friedliches Leben noch möglich war.

*1. Was ist eine Katakombe?*
*2. Welche Gründe haben Konstantin dazu gebracht, das Christentum als gleichberechtigt neben den anderen Religionen anzuerkennen?*
*3. Worin bestand die Hilfe Severins für die Einwohner von Favianis?*

# Das Vordringen der Germanen und das Ende des Weltreichs

## Hilfe, die Germanen kommen!

**Römer und Germanen**

Seit die Römer auf die Germanen gestoßen waren, betrachteten sie diese mit Sorge. Immer wieder hörte man von Gefechten mit irgendeinem germanischen Stamm an der Nordgrenze des Reichs, aber es gab keinen endgültigen Sieg.
In den Friedenszeiten trieb man Handel mit den Germanen. So waren sie ein vertrauter Anblick. Sogar in der Hauptstadt waren sie überall zu sehen — als Sklaven oder auch als Soldaten der kaiserlichen Leibwache. Die Römer bestaunten die hochgewachsenen und kräftigen Menschen. Aber sie verachteten sie auch und sprachen oft etwas hochmütig über die fremden Sitten oder über die ungewohnte Kleidung der Germanen.
In der römischen Armee aber waren die germanischen Krieger als tapfere Soldaten hochgeschätzt. Wer sich da anpaßte und tüchtig war, der konnte hoch aufsteigen.

*Zwei Germanen sind dargestellt. Links ist ein gefangener Germanenfürst zu sehen. Der Mann rechts ist als Soldat in der römischen Armee aufgestiegen. Zuletzt war er sogar Oberbefehlshaber und der mächtigste Mann im Westteil des Reiches.*

a) Beschreibe und vergleiche die beiden Männer.
b) Welche Einstellung gegenüber dem Römerreich hatte wohl der Gefangene? Welche der Soldat?
c) Welche Einstellung ihnen gegenüber können wir bei den Römern vermuten?

Im 3. Jahrhundert n. Chr. wurden die Warnungen vor den Germanen immer dringlicher. Was war der Grund für die plötzliche Angst? — Da kamen nun auf einmal ganze germanische Völkerstämme über den Limes. In Massen kamen sie, mit Kind und Kegel, und sie wollten sich auf römischem Boden ansiedeln. Weil sie so viele waren, schienen sie auch weniger bereit, sich anzupassen. Oft waren sie jahrelang umhergezogen. Was war geschehen? Was trieb sie an?

**Die Völkerwanderung**

Die Germanen siedelten in Norddeutschland, Dänemark, dem südlichen Schweden und Norwegen. Das Land war damals nicht besonders fruchtbar; zu einem großen Teil war es von Wäldern und Sümpfen bedeckt. Wenn viele Kinder geboren wurden oder wenn es eine Mißernte gab, entstand daher oft eine Hungersnot. Damit alle überleben konnten, mußte ein Teil der Bevölkerung auswandern.
Einzelne Stämme gingen verschiedene Wege: Die *Goten* zogen von Schweden über die Ostsee nach Rußland ans Schwarze Meer. Andere gingen direkt nach Süden, wo es auf römischem Gebiet gutes Ackerland und reiche Städte gab. So durchbrachen die *Alamannen* um das Jahr 250 den Limes und verwüsteten die Provinz Rätien.
Die wirkliche Katastrophe für das Römerreich aber kam 150 Jahre später. Damals fiel das wilde Reitervolk der *Hunnen* von *Asien* her in Europa ein. Ihr König Attila wurde die „Geißel Gottes" genannt, denn er versetzte alle Völker in Furcht und Schrecken.
Die große *Völkerwanderung um 400 n. Chr.* begann, als die Germanen versuchten, den Hunnen auszuweichen. Gewaltsam drangen sie ins Reichsgebiet vor, wo es schwach verteidigt war. Damals war das römische Weltreich in einen Westteil und einen Ostteil aufgespalten. Der westliche Teil war schwächer. Dort konnten die Germanen eigene Reiche errichten.
Die *Goten* zogen in zwei Gruppen nach Westen: Die *Westgoten* gründeten schließlich in Spanien ein Reich; die *Ostgoten* setzten sich in Italien fest. Weit war der Weg der *Wandalen*, die quer durch Frankreich und Spanien nach Nordafrika zogen. Von Karthago aus beherrschten sie dann mit ihren Schiffen das westliche Mittelmeer.
Sogar die alte Hauptstadt *Rom* wurde mehrmals *erobert und geplündert*. Im Jahre 476 setzte Odoaker, ein germanischer Offizier, den weströmischen Kaiser ab. Aber er selbst regierte nicht lange. Der Ostgotenkönig *Theoderich* besiegte ihn und errichtete sein Reich *in Italien*.

*Der Stein von Hornhausen bei Magdeburg zeigt einen germanischen Reiter aus der Zeit der Völkerwanderung.*

**Germanenreiche auf römischem Boden: Nur eines bleibt**

Unter Theoderichs Regierung in Italien herrschte fast 30 Jahre lang Frieden: Er war darauf bedacht, Römer und Goten gleichermaßen zu ihrem Recht kommen zu lassen. Trotzdem hatte das Reich der Ostgoten keinen Bestand, ebensowenig wie das Reich der Wandalen in Nordafrika. Weit weg von ihrer alten Heimat bildeten diese Germanen immer eine *Minderheit* gegenüber der römischen Bevölkerung.

Auch der *Glaube* trennte Römer und Germanen. Denn die Ostgoten und die Wandalen hatten das Christentum in einer Form angenommen, die von der katholischen Kirche abgelehnt wurde. Die allermeisten Römer aber gehörten der katholischen Kirche an.

Die römische Macht war nur im Westen zusammengebrochen. Im Ostteil des alten Reiches war sie stark wie eh und je. So konnten oströmische Truppen nach Theoderichs Tod Nordafrika, Italien und Teile von Spanien wieder zurückerobern. Die germanischen Reiche dort zerfielen.

Der Stamm der *Franken* breitete sich in der Völkerwanderung vom Rheinland nach Westen aus. Im Gebiet des heutigen Belgien und Frankreich verloren die Franken aber nie die *Verbindung zur alten Heimat*. Nie waren sie daher in der Minderzahl wie die Goten und Wandalen. Weihnachten 498 ließ sich der Frankenkönig Chlodwig (d. h. Ludwig) im katholischen Glauben taufen. Damit gewann er die *Unterstützung der katholischen Kirche*. Der gemeinsame Glaube der Untertanen stärkte den Zusammenhalt des Königsreichs. Das Frankenreich blieb bestehen.

**Die Zeit der Heldensagen**

Die Spuren der Völkerwanderung finden sich in den deutschen *Heldensagen*. Diese erinnern an die Taten tapferer und außergewöhnlicher Menschen in den wildbewegten Zeiten des 5. und 6. Jahrhunderts nach Christus: Der Hunnenkönig Attila taucht als *König Etzel* auf. Die *Nibelungensage* erinnert an die Vernichtung des Reiches der germanischen Burgunder durch die Hunnen. Das Reich der Ostgoten und ihr König Theoderich leben fort in den Sagen von *Dietrich von Bern* (Verona) und seinem Waffenmeister Hildebrand.

*Die Völkerwanderung*

*Das Römerreich war um 400 in zwei Teile geteilt: das Weströmische Reich, das von Ravenna aus regiert wurde, und das Oströmische Reich mit der Hauptstadt Konstantinopel.*

1. *Verfolge die Wege der Wandalen und der Goten.*
2. *Welche Bedeutung hatten die Hunnen?*
3. *In welchem Teil des Römerreiches konnten die Germanen Reiche gründen? Wieso?*
4. *Erkläre anhand der Karte, warum gerade das Frankenreich Bestand hatte. Weißt du noch einen anderen Grund?*

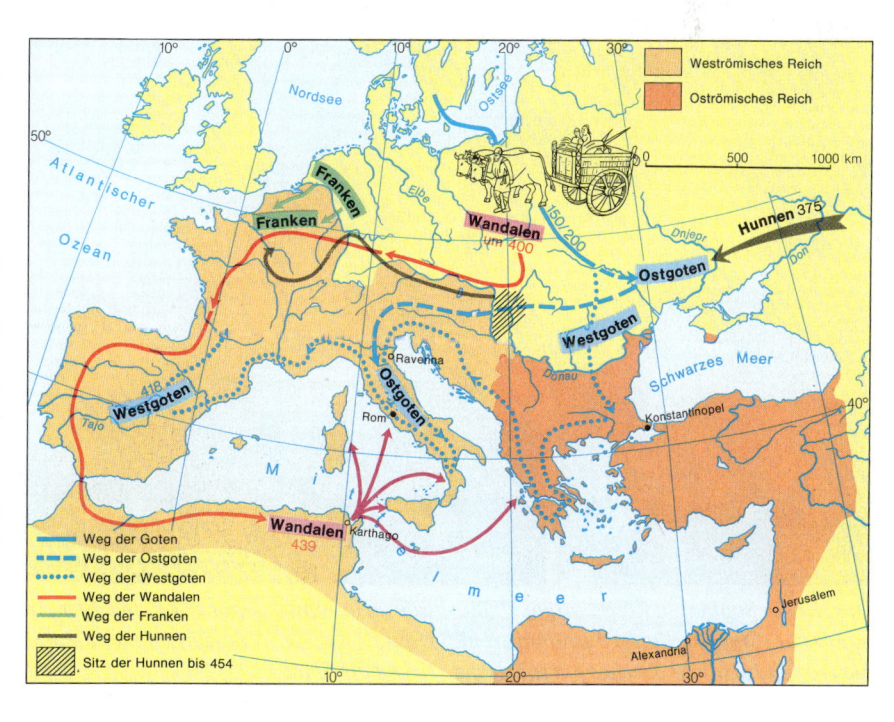

# Das Weltreich zerfällt — aber Rom lebt weiter

Die Stadt Rom war von den Germanen erobert und geplündert worden. Den Kaiser im Westen hatte ein germanischer Offizier abgesetzt. Man könnte meinen, damit sei die Geschichte des Römerreiches zu Ende. Das wäre aber falsch. Denn das Weltreich zerfiel zwar und verlor weite Gebiete im Westen, aber es ging nicht unter. Und auch die Stadt Rom selbst lebte weiter als ein bedeutsamer Mittelpunkt für die Völker Europas. Daß es so kam, geht auf Kaiser Konstantin zurück.

### Ein „neues Rom" im Osten: Konstantinopel

Konstantin hatte der christlichen Religion die Gleichberechtigung zuerkannt. Er schuf so die Voraussetzung dafür, daß wenig später das Römerreich ein christlicher Staat wurde. Konstantin tat noch einen anderen folgenreichen Schritt. Von der alten Hauptstadt Rom aus war es manchmal doch recht schwer, das ganze Reich gleichzeitig zu kontrollieren. Das galt besonders für den Osten des Reichs, der stärker bevölkert und wohlhabender war. Die meisten Leute dort sprachen auch anders als in Rom, nämlich griechisch. So gründete Konstantin eine *neue Hauptstadt* im Osten. Zuerst hieß sie *Neu-Rom*. Später wurde es üblich, sie nach ihrem Gründer zu benennen — *Konstantinopel*, das heißt: Stadt des Konstantin.

Die neue Stadt lag sehr günstig — an der Kreuzung des Landwegs von Europa nach Asien und des Seewegs vom Mittelmeer ins Schwarze Meer. Der Kaiser bemühte sich, die neue Stadt in jeder Hinsicht dem *alten Rom gleichzustellen:* Wie die Stadt am Tiber sollte Neu-Rom auf sieben Hügeln gebaut sein. Es gab ebenso viele Stadtbezirke und genau die gleiche Stadtverwaltung. Die Bevölkerung genoß die *gleichen Vorrechte* wie die Einwohner von Rom. Bedürftige Bürger wurden durch staatliche Getreidespenden verpflegt. Sie hatten Anteil am Luxus der prächtigen öffentlichen Gebäude. Wie in Rom der Circus Maximus, so war in Konstantinopel das Hippodrom mit seinen Pferderennen ein Mittelpunkt des Lebens der Großstadt. Zur Ausschmückung der neuen Hauptstadt ließ Konstantin von überall her ungeheure Schätze herbeischaffen. Von Anfang an war die Stadt stark befestigt und galt als uneinnehmbar.

Vor allem nachdem das alte Rom durch die Germanen erobert worden war, gab es nichts Vergleichbares auf der Welt. Bei den umliegenden Völkern hieß Konstantinopel einfach *die Kaiserstadt*.

*Die „Hagia Sophia" in Konstantinopel. Sie wurde im 6. Jahrhundert n. Chr. von Kaiser Justinian erbaut. Damals war sie die größte christliche Kirche. Als später die Türken die Stadt eroberten, machten sie eine Moschee daraus. Heute, in der modernen Stadt Istanbul, dient das Gebäude als Museum.*

*In der Stadt Ravenna in Norditalien sind heute noch diese prächtigen Darstellungen des Kaisers Justinian und seiner Frau Theodora zu besichtigen. Die Bilder sind aus farbigen Marmorsteinchen zusammengesetzt (Mosaiken).*

*a) Worin lag die Bedeutung Justinians?*
*b) Warum erinnern gerade in Ravenna Bauten an ihn?*

Später wurde Konstantinopel auch mit einem alten griechischen Namen benannt: *Byzanz*. Diesen Namen mußt du dir merken. Denn im *Reich von Byzanz* lebte der östliche Teil des Römerreichs fort. Jahrhundertelang galten die byzantinische Flotte und die byzantinischen Panzerreiter als unbesiegbar.

Byzanz wurde erst im Jahr *1453* von den Türken erobert, das war tausend Jahre nach der Eroberung Roms durch die Germanen. Heute heißt die Stadt Istanbul und ist die größte Stadt der Türkei.

### Ein letztes Mal Herr über das ganze Mittelmeer: der Kaiser Justinian

Um 550 n. Chr. regierte in Konstantinopel der Kaiser Justinian. Er entstammte einer Bauernfamilie. Fast unglaublich war sein Aufstieg zum Kaiserthron. Dann erwies er sich als ein bedeutender Herrscher. Justinian wollte das römische Weltreich in seiner alten Größe wiederherstellen.

Seine Feldherren *gewannen verlorenes römisches Gebiet* im Westen *zurück*. Zuerst eroberten sie Nordafrika von den Wandalen. Dann wurden die Ostgoten besiegt. *Ravenna* war damals der Hauptstützpunkt der wiedererrichteten römischen Macht in Italien (siehe Abbildung oben). Auch ein Teil des Westgotenreichs in Spanien kam wieder unter römische Herrschaft. So war Justinian noch einmal Herr über das ganze Mittelmeer, wie es die Kaiser vor ihm gewesen waren.

Justinian bemühte sich, das Reich auch im Innern neu zu stärken. Er ließ alle *römischen Gesetze* sammeln und übersichtlich in einem Buch zusammenstellen. Dieses Buch wurde später auch für die Entwicklung von Recht und Gesetz in Europa sehr wichtig. Daneben tat sich Justinian hervor als *Bauherr prächtiger Kirchen* und Gebäude.

Nach Justinians Tod jedoch zerfiel das römische Weltreich endgültig. Der westliche Teil und der östliche Teil gingen fortan getrennte Wege.

### Das alte Rom: Mittelpunkt des Abendlandes

Rom selbst war nun nicht mehr die Hauptstadt eines mächtigen Reiches. Aber es gewann eine neue Bedeutung: Über dem Grab des Apostels Petrus in Rom erhebt sich der riesige Dom von St. Peter. Dort ist noch heute das *Zentrum der katholischen Kirche*.

Die heranwachsende Christengemeinde hatte auf das Wort des Apostels gehört. Die *Bischöfe von Rom* fühlten sich als die Nachfolger des Petrus. Sie nannten sich *Papst* (das heißt „Vater") und beanspruchten den Vorsitz über alle anderen Christengemeinden.

Besonders die *Völker im Westen Europas* hörten auf den Papst. Sie hatten ja den christlichen Glauben von Rom aus empfangen. Für die Spanier, Italiener, Engländer, Franzosen, Deutschen — später auch für die Tschechen, Polen, Ungarn und viele andere Völker — wurde *Rom* eine *heilige Stadt*, der Mittelpunkt ihrer Religion.

Die Gemeinsamkeit dieser Völker beschränkte sich nicht auf die Religion. Bis in unsere Zeit blieb die Sprache der alten Römer, das *Latein*, die Sprache der katholischen Kirche. Und Latein war jahrhundertelang auch außerhalb der Kirche das gemeinsame Verständigungsmittel in Europa. Gebäude aus späteren Zeiten tragen deshalb oft lateinische Inschriften. Für ihre eigenen Sprachen übernahmen die westlichen Völker die *lateinischen Buchstaben* — unsere Schrift, genauso wie die der Franzosen oder Tschechen.

Die Heimat dieser Völker heißt mit einem alten Wort das *Abendland*. An ihr *gemeinsames Erbe* von Rom her muß man denken, wenn vom „christlichen Abendland" die Rede ist.

*1. Erinnerst du dich: Welches germanische Königreich im Westen überdauerte als einziges die Völkerwanderung?*
*2. Wo bestand die Macht des Römerreiches weiter fort?*
*3. Wieso blieb die Stadt Rom noch wichtig, auch nachdem das römische Weltreich zerfallen war?*

# Wenn du mehr erfahren und wissen willst

Unsere Schrift verdanken wir den Römern. Freilich schrieb man damals nur mit Großbuchstaben. Und du hast Lesen und Schreiben bestimmt auch anders gelernt, als es oben dargestellt ist. — Das Bild stammt aus dem Buch:

○ **So lebten sie zur Zeit der römischen Legionäre** von **P. Miquel** (Tessloff Verlag). Noch viel Interessantes kannst du dort über das Leben der Menschen im Römischen Reich erfahren. Es wird dir Spaß machen, weil du dich nun ja schon etwas auskennst.

Auch in den folgenden reich bebilderten Sachbüchern kannst du weiterforschen:

○ **Hannibal und die Feide Roms**
○ **Pompeji** (beide von **P. Connolly** im Tessloff Verlag). Über Hannibal hast du ein wenig auf S. 56 erfahren; Pompeji ist eine römische Stadt, die durch einen Vulkanausbruch verschüttet wurde.

○ **Eine Stadt wie Rom** von **D. Macauly** (dtv Verlag). Hier wird genau dargestellt, wie und mit welchen Werkzeugen beim Bau einer römischen Stadt gearbeitet wurde.

Von den vielen spannenden Erzählungen, die zur Zeit der Römer spielen, wollen wir hier drei nennen:

○ **Caius, der Lausbub aus dem alten Rom** von **H. Winterfeld** (Blanvalet Verlag) ist eine Kriminalgeschichte.

○ **Titus kommt nicht alle Tage** von **I. Ruttmann** (Verlag F. Oetinger) spielt in der berühmten Saalburg, einem Römerlager in der Nähe von Frankfurt.

○ **Feuer am Limes — Eine Erzählung aus der Zeit der Römer und Alamannen** von **J. C. Grund** (Loewes Verlag) führt in unsere engere Heimat. Wir werden in die wildbewegte Zeit der Kämpfe zwischen Römern und Germanen am Limes versetzt. Held der Geschichte ist Fritho, ein junger Germane. Er wird von den Römern gefangen und nach Weißenburg gebracht. Dort lernt er Cornelia kennen, die Tochter des Arivinus. Dieser Arivinus ist ein Germane im römischen Heeresdienst. Im Laufe der Geschichte erhält er den Auftrag, den Schatz zu vergraben, von dessen Wiederentdeckung du schon gehört hast:

„Arivinus ließ die fußhohen Götterstatuen, die kostbaren Silberbecher mit den eingehämmerten Göttinnen- und Götterbildern, die bronzenen Gesichtsmasken, kleinere Gefäße, eine Schnellwaage und ein Weinsieb in große Bronzeeimer packen, diese mit Bronzeschalen abschließen und jeden Eimer in festem Sackleinen verschnüren. In weiteren Säcken verstauten die Legionäre eine Bronzelampe mit Ständer, einen Klappstuhl mit kunstvollen Beschlägen, einen eisernen Dreifuß, Ketten, Wurfbeile und Werkzeuge. Auch diese Gegenstände gehörten zum Tempelschatz. Es waren Weihegaben des Militärs, wohlhabender Händler und reicher Bürger...

In einer dunklen Nacht vergruben die Legionäre des Arivinus den Schatz in der Nähe der großen Therme..."

Und schließlich — wie bei den Griechen — empfehlen wir dir wieder Sagenbücher. **Römische Sagen** berichten über die kampferfüllte Frühzeit der Stadt. **Deutsche Heldensagen** lassen die großen Helden wiederaufleben, die während der Völkerwanderung durchs Land zogen. Solche Sagenbücher gibt es in verschiedenen Verlagen. Besonder schön erzählt sind sie in den Taschenbuchausgaben des dtv-Verlages.

# Stichwortverzeichnis

Ägypten 14, 27—38, 55
Afra, heilige 69
Afrika 27, 28, 55
Akropolis 40, 41
Alamannen 72
Altertum 5
Altsteinzeit 8, 12, 13
Archäologe 10, 11
Athen 39—53, 68
Augsburg 60, 64, 67
Augustus, Kaiser 58
Ausgrabung 10, 66

Bandkeramiker 11
Bauern 9, 17, 18, 19, 23, 32, 33, 57
Bayern 9, 11, 20, 21, 64—67
Beamter 33, 44
Bergbau 22
Bronze 9, 23
Bürger 44, 45, 58, 59
Bürgerkrieg 57, 58
Byzanz 75

Caesar, Gaius Julius 57
Catal Hüyük 21
Cheops 36
Christentum 68—72
Cro-Magnon-Mensch 11

Demokratie 44, 45
Donau 8, 10, 20, 60, 64, 71
Dorf 20, 21

Eining 10
Eisen 23
Eiszeit 12
Erfindungen 18, 19, 22, 23, 29

Forum 61
Franken 73
Frau 33, 43, 45

Geometrie 29
Germanen 63, 72—76
Gesetz 44, 59, 75
Goten 72, 73
Gott, Götter, Religion 14, 21, 30, 31 34, 35, 52, 53, 62, 69
Grab, Gräber 15, 24, 25, 35—37
Griechen, Griechenland 39, 44, 46, 48, 49, 50—54, 62
Günzburg 64

Hamburg 14
Handel 40
Handwerk 23, 32, 33, 42, 43
Hausbau 9, 20, 21
Haustier 17
Herodot 28, 35

Herrschaft 23, 30—33, 44, 57, 58
Hieroglyphen 29
Hippokrates 52, 53
Höhlenbilder 6, 7, 14, 15
Homer 50, 51
Horde 12, 14
Hunnen 72, 73

Ingolstadt 20
Italien 56, 72, 73

Jäger 12—16
Jagdtiere der Steinzeit 13, 14, 16
Jagdzauber 14, 15
Jericho 21
Jungsteinzeit 8, 18—21
Justinian, Kaiser 75

Kaiser 58, 69
Kalender 29
Karthago 56, 62, 72, 73
Katakombe 70
Kelheim 20
Kelten 24, 25, 64
Kempten 64, 67
Keramik, Töpferei 11, 18—21, 43
König 27, 31, 44
Konstantin, Kaiser 70, 74
Konstantinopel 73—75
Krieger, Soldat, Heer 23, 24, 30, 46, 48, 49, 56, 57, 62, 64, 65
Kunst, Schmuck 7, 14, 15, 21. 23, 25, 50, 51
Kupfer 22

Latein 75
Limes 64, 66

Märtyrer 69
Mailänder Edikt 70
Mammut 13, 16
Manching 24
Marathon 46
Metallzeit 8, 22—24
Metöke 45
Mittelalter 5
Mittelmeer 30, 40, 48, 56, 75
München 7, 19
Mumie 35

Neandertaler 11, 15
Nero, Kaiser 69
Neuzeit 5
Nil 27, 28
Nomaden 17
Noricum 64

Olympia 39
Ostgoten 72, 73

Oströmisches Reich 72—75

Passau 64, 71
Paulus, Apostel 59, 68
Perikles 45, 49
Perser 46, 47, 55
Petrus, Apostel 68
Pharao 30—34, 36, 37
Priester 31, 33, 52
Politik 45
Provinz 58, 59, 62, 64, 67, 68
Pyramide 27, 36, 37

Rätien 64—66, 69
Ravenna 73, 75
Regensburg 20, 50, 64, 67
Republik 58
Römisches Reich 55—76
Rom 55, 56, 60, 61, 74, 75

Salamis 47
Sammler 12, 16
Scherbengericht 42, 44
Schnurkeramiker 11
Schreiber 33
Schrift 8, 29
Severin, heiliger 71
Sklave 32, 43, 45, 62, 63, 69
Spanien 7, 55
Sparta 48, 49
Stadt 21, 24, 40, 41, 64
Stadtstaat 39, 44— 46, 48, 56
Steinzeit 7, 12—21
Straubing 20, 67

Technik 60, 61, 64
Themistokles 42, 46, 47
Theoderich, König 73
Thermen 61, 66, 67
Totenreich 34, 35
Troja 50, 51
Tutanchamun 31, 37
Tyrann 44, 46

Viereckschanze 25
Völkerwanderung 72, 73
Volkstribun 58
Volksversammlung 42, 44, 48, 57
Vorgeschichte 5

Wandalen 72, 73
Weißenburg 64—67
Werkzeuge, Waffen 7, 8, 9, 13, 19, 22, 23
Westgoten 72, 73
Weströmisches Reich 72—75
Wissenschaft 53

# Zeitleisten im Überblick

JUNGSTEINZEIT

~3000 das ägyptische Reich entsteht
~2500 Pyramidenbau

5000  4500  4000  3500  3000  2500

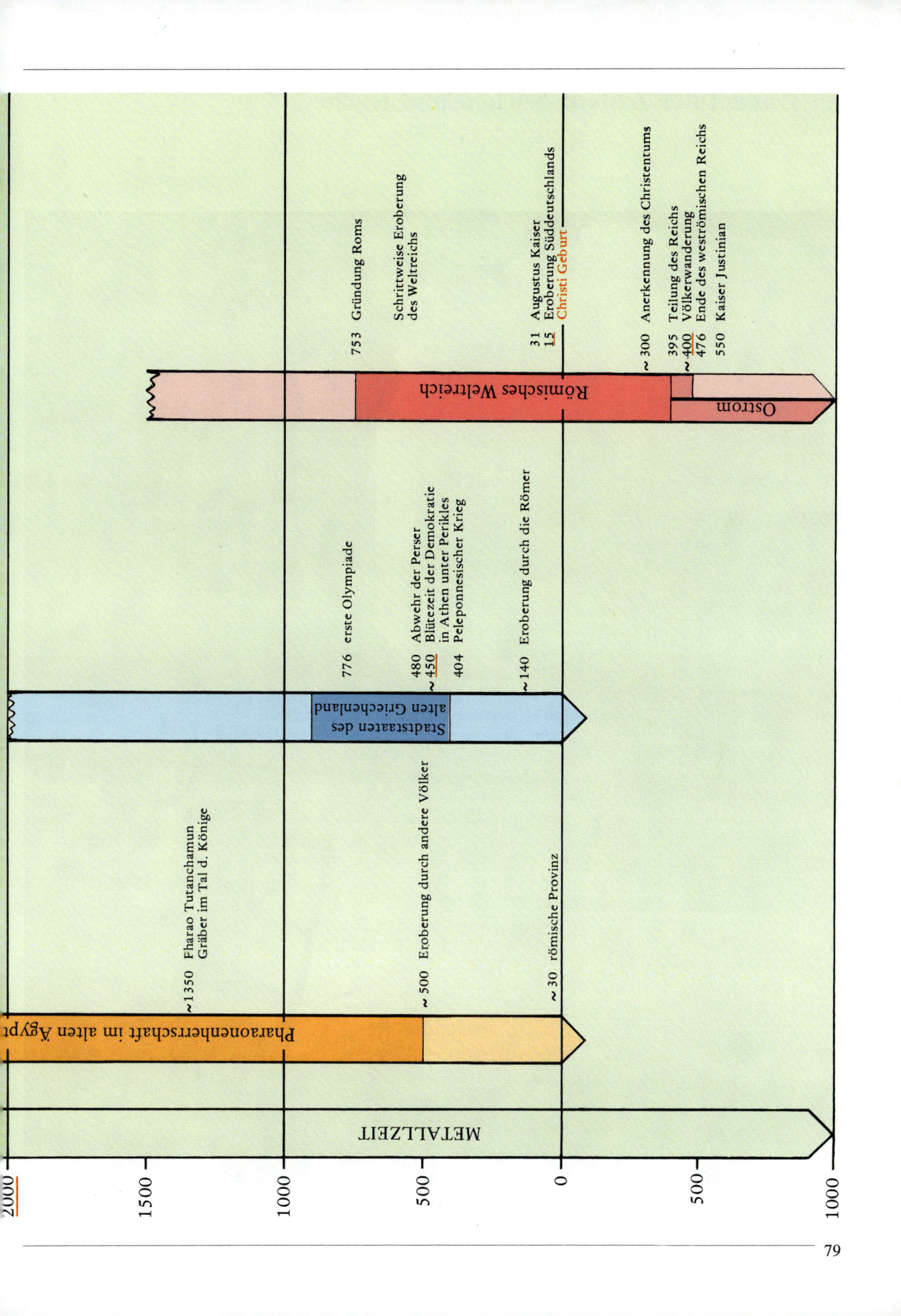

## Pharaonenherrschaft im alten Ägypten

- ~1350 Pharao Tutanchamun Gräber im Tal d. Könige
- ~500 Eroberung durch andere Völker
- ~30 römische Provinz

## Stadtstaaten des alten Griechenland

- 776 erste Olympiade
- 480 Abwehr der Perser
- ~450 Blütezeit der Demokratie in Athen unter Perikles
- 404 Peleponnesischer Krieg
- ~140 Eroberung durch die Römer

## Römisches Weltreich

- 753 Gründung Roms
- Schrittweise Eroberung des Weltreichs
- 31 Augustus Kaiser
- 15 Eroberung Süddeutschlands
- Christi Geburt
- ~300 Anerkennung des Christentums
- 395 Teilung des Reichs
- ~400 Völkerwanderung
- 476 Ende des weströmischen Reichs
- 550 Kaiser Justinian

## Ostrom

**METALLZEIT**

2000 | 1500 | 1000 | 500 | 0 | 500 | 1000

# Im Wandel der Zeiten: Kochen und Küche

*In einer Höhle der Altsteinzeit*

*Kochstelle in einem jungsteinzeitlichen Haus*

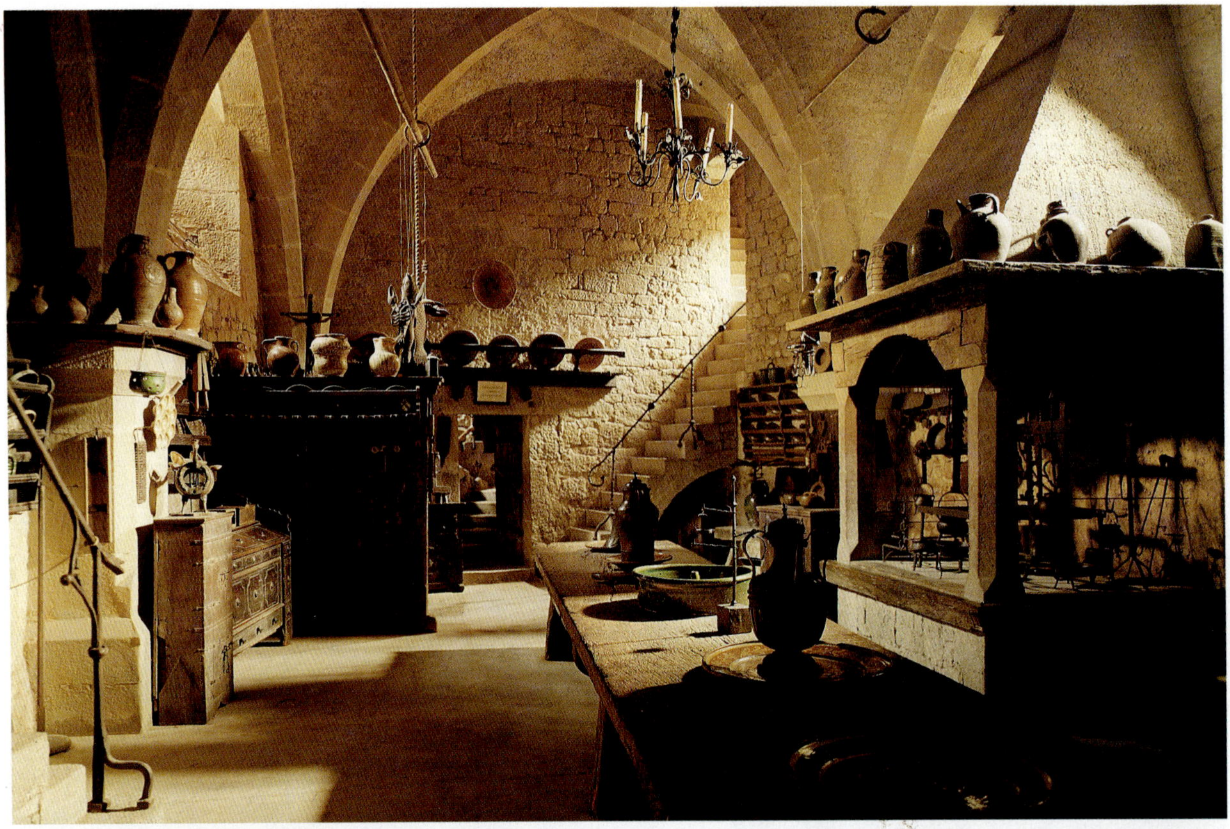

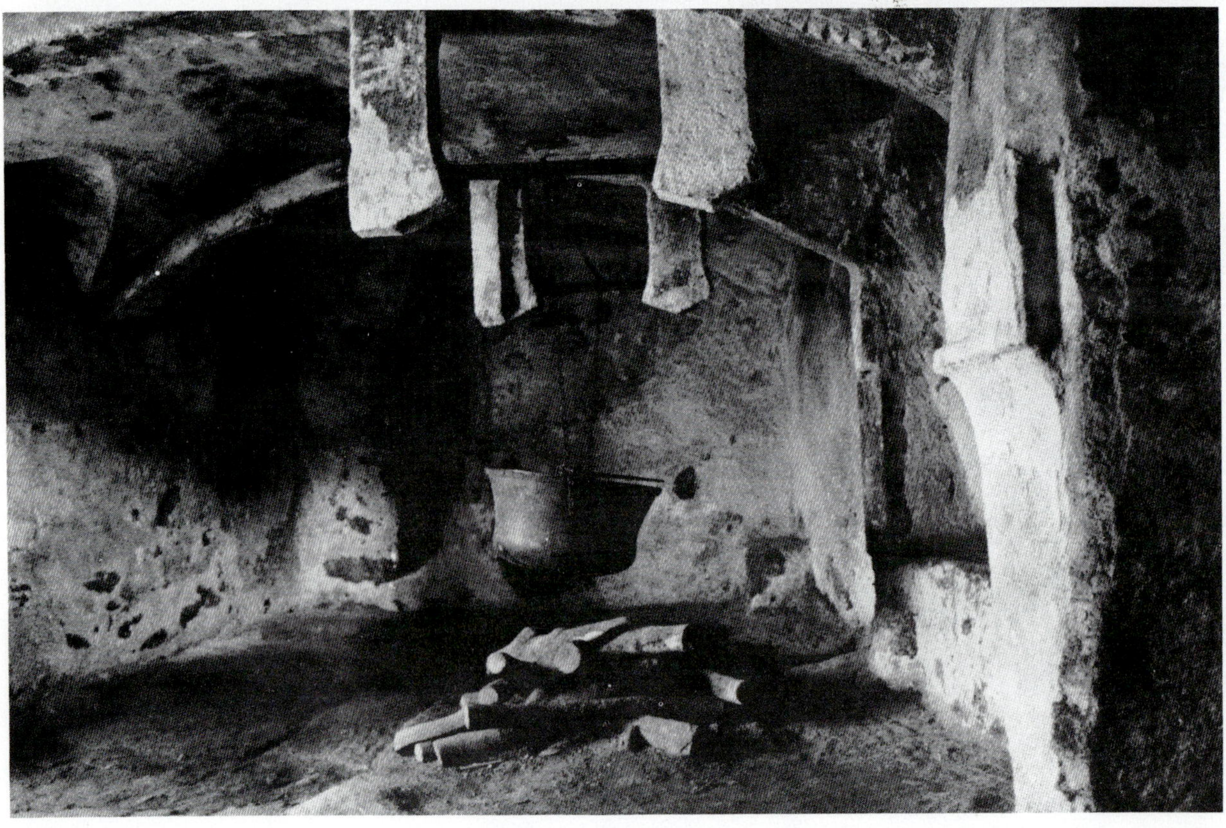

*Linke Seite: Küchen in mittelalterlichen Burgen*
*Oben: Burg Kreuzenstein bei Wien (Rekonstruktion im Stil des 14./15. Jh.)*
*Unten: Auch so konnte eine Burgküche aussehen! (Burg Rapottenstein in Österreich)*

*Italienische Küche in einem vornehmen Hause des 16. Jahrhunderts (Holzschnitt aus einem Kochbuch)*

84

*Linke Seite: Hof- und Herrschaftsküche im 18. Jahrhundert (aus einem englischen Kochbuch)*

*Berliner Küche um 1830*

*Küche in einer Münchener Herberge um 1880 (Übelackerhäusel)*

*Um 1900: Elektrische Kücheneinrichtung*

*Dampfküche*

*Moderne Küche*